KB102433

재팬비즈
제로투원

일본 시장 진출을 위한 비즈니스 컬처 가이드북

재팬비즈
제로투원

김이경 지음

JAPAN BIZ ZERO TO ONE

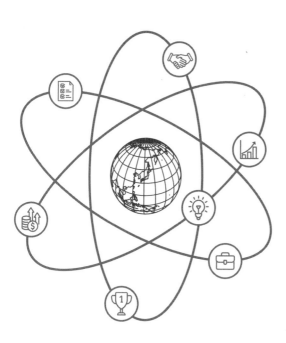

감사의 글

먼저, 제 부족함에도 불구하고 책 출판에 도움을 주신 좋은땅 출판사 관계자님들께 감사의 말씀을 전합니다.

또한, 종이의 여백이 작디작아 모두의 성함을 올리지 못하지만, 한국 및 일본에서, 기회, 지식과 경험, 업무, 의뢰, 조언 등 많은 것들을 저에게 주셨거나 주고 계신, 회사 선후배, 동료, 인생 속 고민의 순간들을 함께 한 언니, 오빠, 또래와 후학분들과, 제가 무척 존경하고 좋아하는 여러 대표님들, 파트너님들, 클라이언트분들께도 이 자리를 빌려 감사 말씀드립니다.

제 방송, 블로그, 채널 등을 살펴봐 주신, 혹은 스쳐갔던 분들께도 그저 늘 감사할 따름입니다.

항상 저를 응원하고 아껴주는 아빠, 엄마, 두 동생도 사랑합니다.

마지막으로, 이 책을 펼쳐 주시고 읽어 주시는 모든 분들께 감사드립니다.

김이경 드림

재팬비즈 제로투원

시작하는 글

그간에도 한국에서 일본으로 시장 진출하는 니즈는 있었으나, 잠시 일본의 IT 산업이 주춤하던 시기, 한국의 IT 속도가 훨씬 앞서게 되었고, 한국의 K콘텐츠는 일본 시장에 빠르게 확산되었다. 특히, 그간의 IT 성장을 기반으로 코로나 기간 더욱 IT 산업이 꽃을 피운 한국, 중국의 IT 속도에 자극을 받은 일본은, 최근 각종 규제 및 제도를 완화, 개선해 가며 아시아를 다시 리드하겠다는 마음으로 현재 무척 분발하고 있다.

그 와중에, 2024년에 접어들며, 언급한 일본 정부의 규제 완화 및 글로벌 기업, 다국적 기업 지원 확대와 투자 활성화에 따라, 한국에서도 기존보다 더욱 다채로운 스타트업 기업들이 일본으로 많이 진출하고 있으며, 시행착오도 많이 겪고 있다.

이미 진출한 기업도, 곧 진출하는 기업도, 언젠가 진출할 기업들 또는 개인도, 잠재적인 숫자까지 더하면, 앞으로 오갈 비즈니스 기회는 매우 많다.

하지만, 한국어와 일본어가 어순이 같고, 한국인과 일본인의 생김새가 비슷해서인가 보다.

많은 기업의 수많은 시도에도 불구하고, 비즈니스 모델 자체나 능력과는 별개로, 문화적 차이로 사업 진행 과정에서 좌절하거나 어려움을 겪는 경우가 많다.

그 문화적 차이라는 것은, 조금만 서로의 환경과 배경, 입장에서 생각해 보면 충분히 배려하고 보폭을 좁힐 수 있는 요소들이 과제로써 존재하는 경우도 분명 있다.

한 나라의 사람이 다른 나라의 사람과 사업을 온전히 그리고 완벽히 숙지하는 것은 어려울 것이다. 그러나, 비즈니스 컬처에서 꼭 등장하는 검토 항목에 대해서는, 일부 정보만 이해하고 숙지하면 충분히 극복할 수 있을 것으로 생각한다. 필자가 한국 기업과 일본 기업을 연결하고 다사간 프로젝트들을 진행하며 느낀 점들이다.

분명, 비즈니스 컬처의 일부 해소만으로도, 한국의 멋진 서비스들이 일본에 더 잘 진출하고, 일본에서 한국이 참고할 만한 서

재팬비즈 제로투원

비스나 정보를 들여오기도 더욱 쉬워질 것으로 보인다.

그런 점을 널리 공유하고, 함께 공감하면 좋겠다고 생각하여 본 원고를 쓰게 되었다.

그리고 이런 정보들이 공유됨으로써, 한국 기업의 일본 진출도, 일본 기업과의 협업도, 그러한 많은 성장을 기반으로 아시아 및 글로벌 사업개발 분야의 성장도, 보다 수월해지리라 믿는다. 한국의 좋은 기업들이 일본뿐만 아니라 아시아에서 성공하여 많은 선례를 만들기 바라는 마음이다.

또한 일본의 좋은 사업모델들도, 우리에게 참고가 되는 것이라면, 한국으로 벤치마킹하거나, 한국의 기업들과 일본 기업들이 협업하여 함께 더 나은 사업, 더 좋은 프로젝트, 더 멋진 유저 경험과 Customer journey를 만들어 갔으면 하는 생각에서, 본 내용을 작성하게 되었다.

특히, 필자의 한국과 일본 양쪽에서 여러 개의 기업에 근무한 경험, 그리고 현재에도 한국 기업과 일본 기업 각 국내 사업뿐만 아니라 둘을 연결한 사업개발도 하고 있기 때문에 열거, 공유 가능한 경험 및 설명들을 서술하고자 한다.

가깝고 먼 이웃나라 일본에서 사업을 진출, 확대하려면 무엇을 고려해야 할까? 그들의 심리는 무엇일까? 한국과 일본은 어떻게 생각이 다르고 절차가 다른가? 어떻게 하면 일본 기업들과 잘 협업하여 성공적인 사업 진출 및 시장 확대를 노릴 수 있을까?

그간 아무도 명쾌하게 들려주지 않았던 이 같은 사실들에 대해, 명확히 설명해 보고자 한다.

이 책의 구성

한국과 일본의 비즈니스 컬처에 대한 책이다.

먼저 전체적으로는, 전반은 생각 구조의 차이, 후반은 실무에 대한 이야기이다.

단순히 나열하기보다, 업무에서 발생하는 일련의 프로세스에 맞추어 기재하였다.
전반적인 생각 구조의 차이를 이해하고 나서, 기업의 구조나 창업 시 직면할 수 있는 특징을 이해하는 것이 앞쪽의 내용이다.

그 후에는, 실제 영업을 하거나, 도입부 및 대화, 그리고 제휴나 의사결정을 내리며 집행을 하고, 업무에서 일어나는 생각의 차이들에 대하여 서술하였다.

또한, 이 책을 읽고 난 후에, 실제 상황에 직면하여 업무를 추진하다가 혹시 조금 당황했을 때에, 떠올리기 쉽고 비교하기 쉽도록, 모든 비교 대상을 최대한 두 글자의 단어로 대표하여 비교하는 형태로 기재하였다.

일부 내용에 대해서는, 실제 필자가 경험한 실무 상황을 바탕으로 다음과 같은 내용을 덧붙였다.

- 알아 두면 좋은 정보 : 〈Tips〉
- 실제 있었던 업무 에피소드 : 〈Episode〉
- 그 밖의 소소한 이야기들 : 〈Small talk〉

에피소드 경우, 다소 기존의 업무 내용에서 프로젝트 및 기업 상황이 짐작, 유추되는 것은 우려가 있어, 맥락은 그대로 살리되 용어나 단어는 일부 조금 각색하였다. 하지만 실제 있었던 경험을 바탕으로 설명한 내용이므로, 분명 참고가 될 것이다.

물론, 중간중간에도 짚어가듯이, 이러한 차이들이 결코 절대적인 정답이라고는 볼 수 없다.

기업에 따라 다르기도 하고, 서로 옛날보다 시장의 타깃도, 오고 가는 정보도, 대단히 글로벌해졌기 때문에, 한국 기업의 일본 지사, 일본 기업의 한국 지사, 한국에서 일본으로 진출해 성공하는 스타트업, 일본에서 한국으로 진출하는 기업들, 그리고 그에서 겪는 어려움 등, 직면하는 문제와 극복한 스토리는 수없이 많을 것이다.

그것을 다 통일된 내용으로 적을 순 없지만, 적어도 생각의 구조와 문화에 대하여 이러한 차이가 있다는 것을 인식하면, 조금 더 업무나 시장 진출 시 도움이 되고 참고가 되지 않을까 하는 마음으로 적었다.

그리고 그러한 내용들이, 필자가 그간의 경험을 바탕으로 세상과 스타트업에 기여하고 제공할 수 있는 가치라는 생각에, 보다 많은 사람들에게 이 내용이 도움이 되면 좋겠다는 마음에서 본 내용을 정리하여 공개한다.

목차

1. 배경

"코로나라는 단어가 무색하다"라는 문장조차 이제는 고리타분하게 느껴질 정도로, 코로나 이후의 세계는 빠르게 회복하고, 전 세계를 오가는 비행기들 또한 발빠르게 움직이고 있다. 그에 힘입어서인지, 온라인에 잠시 갇혀 있던 글로벌 비즈니스는 온라인, 오프라인으로 급격히 부활 중이며, 오히려 코로나 시기에 발전한 각종 IT 기술, 툴, 솔루션 등과 함께, 여러 벤처 및 스타트업들도 다양한 사업을 전개 중이다.

 코로나 시기 전부터도 활발했던 클라우드, 커머스(인터넷 판매, 공동 구매, 해외 직구 등), 또는 서브스크립션 등의 다양한 모델들도 코로나에 살아남았다는 큰 훈장을 어딘가에 어필하며, 여러 나라로 뻗어가고 있고, 마침 요즘 트렌드가 된 AI 기술은 그러한 국제, 글로벌 비즈니스들에 박차를 가하고 있다.

해외에서 소개되는 각종 신기술들은 늘 어딘가 매체에 소개되며, 마음만 먹으면 누구나 그런 기사 및 소식들을 AI 활용만으로도 불러오고, 모아오며, 주기적으로 번역된 내용으로 살펴볼 수 있고, 원하는 사업이나 어떤 비즈니스 로직이 해외에서 사례가 있었는지도 AI를 활용해 검색하면 훨씬 빠르고 효율적일 때가 있다. 그래서 기업들은 한국 시장에서 잘되어서이든, 한국 시장보다 해외가 더 맞아서이든, 해외로 나가는 준비 또는 과정을 적극적으로 밟아가고 있다.

그 와중에, 잠시 소원했던 옆 나라 일본으로의 진출을 검토하는 한국 기업들도 늘어난 것이 실정이다.

한국에서 일본으로 진출하는 것이 유독 두드러진 시기는 과거에 몇 차례 있었다.

닷컴으로도 익숙한 인터넷 진출 시기에, 게임 회사 및 포털 회사들이 일본에 진출하려다 고유의 문화 차이 및 당시의 기술 및 시대상 진출이 원활히 잘되지 않았고, 이후, 메신저 시대 때에도 여러 우여곡절이 있었다.

여담이지만, 카카오톡 유저 수가 막 급증하던 때, 2010년 전후는 스마트폰이 활발해지던 시기로, 카카오톡, 왓츠앱 외에도 국내에는 엠엔톡, 네이버톡, 마이피플, 틱톡(지금의 틱톡이 아닌, SK에 인수되고 사라진 다른 메신저) 등 당시 여러 메신저들이 많았고, OS 편이성 및 단톡방 등 카카오톡의 우세한 특징에 주춤한 기업 중 네이버만 일본에서 라인(LINE)이라는 메신저를 타 일본 국내 커머스 기업과 프로모션을 하여 진출했던 것이 기억에 새롭다.

라인의 당시의 해당 프로모션은 초기 가입자 수를 증폭시키는 것에 기여했고, 실제 사용자 수 및 사용 시간 즉 리텐션 관점에서는, 누구나 알고 있는 것처럼 2011 일본 대지진 즉 자연재해에 의해 다른 연락 수단이 불가한 와중에 라인으로만 가족, 친구, 지인과 안부 연락이 가능하여, 그때부터 폭발적으로 일본 내에 확산되었다.

그 이후로도 많은 우수 기업 및 유니콘 기업들이 일본 진출을 시도했으나, 큰 재미는 보지 못하고 철수하거나 축소하게 되었다.

결과적으로 라인이 이룬 신화 혹은 기적 같은 현상, 그리고 (라인과 야후의 2024년 현재진행형인 지분 관련 분쟁과 별개로) 소프트뱅크(SoftBank)처럼 기존의 대기업이 아니었음에도 통신사,

아이폰(iPhone), 투자 등으로 성장하는 IT 기업들 등, 일본 기업들이 일본 국내 및 글로벌로 크게 성장하던 새로운 시대 속에서, 갈라파고스라 칭해졌던 일본은, 잃어버린 10년, 잃어버린 20년, 잃어버린 30년, 점차 숫자만 커져간 것뿐 아니라, 해외 기업들의 우수함을 이전보다 인정하고 받아들이고자 하게 되는, 큰 변혁을 맞이하게 되었다.

일본이 부활을 시도한 것은 이번이 처음이 아니다. 대지진 직후에도 우울한 분위기에서 타파하고자 노력하는 상황도 있었고, 잃어버린 10년 시리즈는 지난 몇십 년간, 방송 및 서적, 각종 컨퍼런스에서 언급하는 단골 소재였다. 특히, '그런 모든 상황을 타개하고 드디어 새로 나아갈 거야!'라고 굳게 마음을 먹고 다시 발돋움하던 때가 마침 올림픽 직전이었으며, 올림픽 시기에 예상되는 외화 유치 및 글로벌 활성화에 맞추어 각 투자 업계에서도 사전 준비와 전략 수립, 사업 기획 재정비 등 활발히 움직이던 것이, 2018-2019년 즈음이었다.

하지만 2019년 말 수상한 분위기를 자아내던 코로나가, 2020년 초 본격적으로 닥쳤고, 도쿄 올림픽은 1년 미뤄졌으며, 그 과정에서 많은 것이 멈춘 채 시간이 흘렀다.

코로나는 일본 산업과 투자의 글로벌 활성화를 잠시 미뤘지만, 오히려 이후의 일본 내 IT 산업을 다시 진보하게 했다. 한국 및 중국의 IT 진화를 구체적으로 인정하기 시작한 것이다.

예를 들어, 한국에서 코로나 때 방문자 동선을 QR로 파악하던 것도, 우리나라 국내에서는 개인정보 유출 등 이슈가 많았으나, IT를 활용해 상황의 악화를 최대한 방지하는 점에서, 일본이 한국을 너무나도 부러워했던 포인트였다.

또한, 일본에서 먼저 잘될 것 같았던 블록체인(Blockchain) 및 핀테크(FinTech : Finance Technology의 준말)도, 핀테크 경우는 은행들의 시스템 개혁이 그들 특유의 프로세스 및 레거시 시스템 구조 개혁으로 시간이 오래 걸리다 보니 주춤하고 있었고, 블록체인의 경우에도 연구는 많이 되었으나 여러 규제적 이슈로 주저하고 있을 때에, 한국에서 여러 모바일 솔루션 및 앱테크, 크립토 서비스 및 붐 등이 폭발적으로 이뤄졌다.

게다가 2000년대 초중반의 일본 국내 〈겨울연가〉 붐, 2010년 즈음부터 시작된 일본의 K-pop 사랑과 해당 산업 매출 증대에 대한 호기심까지 겹쳐져, 일본 내 IT업계인이나 아티스트 팬덤 등은 한국을 원래보다 더욱 의식하거나 사랑하거나 관심을 갖는 관계 및 구도를 갖게 되었다.

코로나 종료 후에는, 이러한 그간의 서로가 가진 변화와 차이에 대한 관심을 기반으로, 일본에서 경기 또는 투자 움직임이 활성화됨에 따라, 한국에서도 그런 움직임을 포착하고 일본으로 나아가고자 하고 있다.

또한, 일본에서도 일본 자체의 폐쇄적이었던 문화와 제도, 규제 및 현황에 대하여 정부가 개선, 개혁하고자 자체적으로 노력하고 글로벌 및 다국적 기업 유치를 적극 추진하게 되면서, 한국과 일본은 서로 진출을 이전보다 적극적으로 생각하게 되었다.

결과적으로, 이 현상들은 한국 기업의 일본 진출 논의, 일본 기업의 한국 진출 논의 안건들이 폭발적으로 증가하도록 만들었다.

2. 전제

다만 아래를 논하기 전에 꼭 짚어두고 싶은 것이 있다.

사업에 정답은 없다.
사람도 정답이 없다.

지금 성공했거나, 해외에 진출했거나, 현재까지 투자를 많이 받았다고 그 사업의 모든 전략과 방향이 꼭 옳다고 가늠할 수 없듯이, 눈에 보이는 어떤 사업들이 진행 중이라고 해서 그 사업에 관계된 모든 사람들이 선하거나 악하거나 정답이거나 하지 않는다는 건, 여러 번 말할 필요가 없는 당연한 사실이다.

특히, 문화가 다른 것으로 인한 여러 생각의 차이, 결과와 인식의 갭은 결코 누군가의 잘잘못이 아니다. 그저, 배경과 이해의 차이를 만들 뿐이다.

재팬비즈 제로투원

즉, 앞으로 적는 것은 정답이 아니고, 상황에 따라 다를 수 있으며, 궁극적으로는 담당자의 역량에 달린 일일 수도 있다. 사업이라는 관점에서는, 이익 창출과 사회 공헌에 대해서, 산업간, 국가 및 기업 간 이해관계가 다를 수 있기 때문에, 많은 요소를 복합적으로 인지해야 한다.

그러므로, 적은 내용들, 어디선가 발생하는 경험들, 누군가의 생각들이 꼭 옳다 틀리다고 단정하거나, 그 안에 갇히기보다는, "그런 관점이 있구나", "그런 배경을 고려해야겠군"이라고, 객관적인 사실들을 뒷받침하는 다각적이고 복합적인 요소 중 하나로써 인정해 주기를 간곡히 바랄 뿐이다.

3. 모순

3-1. 나라

한국과 일본은 유독 가깝고도 먼 나라이다.

가장 애증관계가 많기도 하고, 역사적인 문제, 정치적인 이슈 등도 여전히 존재하며(일부는 채 해결되지 않았으며), 특히 축구, 올림픽 등 스포츠 시즌이 시작되면, 가장 경쟁심을 불태우는 관계이기도 하다.

그럼에도 서로의 문화를 애정하고 공감하는 덕에, 코로나에도 불구하고 쇼츠나 릴스를 통해 서로가 서로의 문화를 활용한 챌린지를 하거나, 서로의 노래가 상대 나라에서 유행하기도 했다.

그래서 그런지, 그리고 음식 및 예절 문화, 생김새, 어순 등 다양한 부분들이 비슷하고 공통점도 많아서인지, 한국 기업은 일본 진출에 대해서, "한국과 똑같이 일본에 진출하면 잘될 것이 분명하다"고, 유독 희망 회로를 많이 돌리는 것 같다.

스타트업 업계에 있어서, 미국 실리콘밸리 자체적인 역사가 깊고 기준이 높기는 하지만, 그걸 떠나서 한국 기업들이 미국 실리콘밸리에 진출, 정착하는 것은 몇 년을 감안하여 준비하는 한편, 일본에 가는 경우에 몇 년을 준비하여 임한다는 이야기를 듣는 경우는 회소한 편이다. (꼭 몇 년 준비해야만 한다는 뜻은 아니다.)

미국에 진출하는 경우에는 미국의 전략 담당자, 무슨 담당자 등, 언어는 기본이고 다른 능력이 있는 사람들을 뽑거나 공동 창업 등을 검토하는 반면, 일본에 진출한다고 하는 경우에는, 한국의 특정 실무자가 일본어를 배워가며 일본으로 가서 현지 법인을 열거나, 현지 채용을 일부 시도하긴 하지만 특정 분야 전문가를 들이느라 시간을 소요하기보다는, 일단 진출하고 조금씩 바꿔가자고 생각하는 경향이 큰 것 같다.

비용 및 효율을 생각하면, 작게 시작하자라는 생각이 틀린 건 아니지만, 사업 내용에 따라서는 오히려 그러한 결정이나 행동이 되려 사업의 속도를 늦추거나 비효율적으로 만드는 경우가 있다.

앞에서 미리 짚었듯, 어떠한 액션들이 틀렸다고 말하고자 하는 것은 아니고, 그저 전반적으로 일본 진출은 옆 나라이고 가깝고 말도 통할 것 같으니 한번 해 보자고 가볍게 생각하는 경우가 많은 것으로 느껴진다.

물론, 가볍게 생각하고 다양하게 도전해 보는 것이, 스타트업의 장점이자 매력이다.

재팬비즈 제로투원

3-2. 착오

언급한 것처럼, 한국에서 일본으로 사업 진출하는 것에 대하여, 동일한 내용으로 그대로 진출하면 되겠지, 언어만 번역해서 덧붙이면 되겠지 등, 모두 워낙 가볍게 생각하는 편이다.

일본에서 바람직하다고 보는 설명, 맥락, 디자인, 단어의 선별과 줄바꿈, 또는 일본 유저가 이해하기 쉬운 단어와 표현, 유저 경험 등이 고려되지 않고, 한국 서비스를 그대로 번역해서 오픈하거나, 한국 자료를 그대로 직역해서 보여 주는 바람에, 좋은 기회를 아깝게 날리거나, 원래 가진 가치보다 낮게 평가되는 경우도 더러 있다.

가볍고 빠른 도전은 중요하지만, 자칫 상대 국가의 특징까지도 가볍게 생각하여 진행하는 과정에서, 일종의 착오들도 자주 발생하는 것 같아, 다음에 적는다.

(1) 소통

언어가 통하면 된다?

잠시 더 밑으로 시선을 내리지 말고, 다음 질문에 대해 생각해 보자.

당신은 현재 한국에서 사업을 하고 있고, 일본에 진출하려는 중이다. 이때에 언어에 대해서 가져야 할 조건은 무엇일까?

언어가 통하면 된다 vs 언어를 잘하면 된다

어느 쪽일까?
또는, 바꿔 말하면,

일본어가 통하면 된다 vs 일본어를 잘 하면 된다

아마 이 둘 중에 꽤 나뉠 것이다.

"일본어를 잘 못해도 뜻이 통하면 되지"라는 마음으로 사업 진출을 꾀하는 경우가 있고, "일본어를 잘하면 되지" 하는 생각에, 일본어 가능 인력을 채용하고 있는 분도 계실 것이다.

답은? 둘 다 NO이다.
(무조건 틀렸다는 것이 아니라, 반드시 옳다고 단정할 수 없다는 의미이다.)

우선 짚고 싶은 부분은, 해외 시장 진출에서 언어는 뺄 수 없는 요소이지만, 언어 이전에 커뮤니케이션 능력이 중요하다.

딱 하나만 생각해 보면 된다.

한국인은 대부분 한국어를 잘하지만, 모두가 커뮤니케이션 능력이 뛰어난가?

그렇지 않다.

한국인이 한국말을 할 줄 안다고 해서, 모두가 인사성이 바르고 대외 커뮤니케이션에 적극적이며, 말이 잘 통하는가? 업무상 커뮤니케이션 미스가 발생하지 않는가?

절대 그렇지 않다. 그 점이 포인트이다.

⚲ Tips

사람이 사람에게 말을 하면, 말하고자 하는 내용의 70%가 전달이 된다고 한다.

사람 1이 사람 2에게 A를 전달하고, 사람 2가 사람 3에게 또 A를 전달하는 경우는, 70% * 70% = 49% 즉 반도 채 전달되지 않는다고 한다.

일본어가 통하는 것도, 일본어를 잘하는 것도 중요한데, 비즈니스적으로 외국 기업과 문서, 메일, 대화 등을 주고받아야 한다면, 우선 커뮤니케이션 능력도 살펴봄이 맞다.

(2) 국적

현지인을 채용하면 해결된다?

그럼, 다음 문제.

현지인을 채용하면 된다.

맞을까?

답은? 물론 NO이다.

현지인을 뽑지 말라는 것이 아니라, 현지인 여부 이외의 다른 조건들도 챙겨야 한다는 뜻이다.

법적으로 일본 거주자, 일본 국민 등이 재직해야 하는 조건에서는 당연히 필수 조건일 때도 있다. 나라에 따라, 해당 나라의 법인 또는 지점, 사무소 등에 요구되는 조건은 상이하다.

하지만 업무 전체를 생각했을 때에는, 현지인 여부보다는, 현지에서의 업무 경험 및 이해도 어느 정도 중요시해야 한다. 일본에 한정되는 이야기는 아니므로, 글로벌 사업개발이라는 관점에서, 조금 더 상상하기 쉽도록, 사고를 넓혀서 미국으로 예시를 들어보자.

다음과 같은 두 명의 직원이 새로운 채용 포지션에 지원을 했다고 생각해 보자.

- 미국에서 나고 자란 미국인 25세
- 25살 때부터 미국에서 10년간 근무한 한국인 35세

당신이 대표라면, 둘 중 누구를 뽑을 것인가?

이게 조금 복잡한 것이, 스타트업의 경우 특히 젊은 피를 선호하거나, 시니어 멤버의 연봉을 맞춰 주기에 상황이 어렵거나, 또는 반대로 시니어이기 때문에 머리가 굳었을 것으로 추측하거나 착각하거나 등의 여러 원인과 고민, 개인의 경험 차이에 의해, 스타트업일수록, 시니어보다 주니어 즉 나이가 어린 친구를 뽑고자 하는 경우도 많은 편이다.

누누이 말하지만, 그것도 틀린 생각은 아니다.

한편, 사업개발에 필요한 역량이나 능력, 소위 말하는 짬밥 등을 생각하면 나이가 있는 편이 유리할 수도 있는데, 많은 스타트

업들은, 그럼에도 시니어보다는 미들 등 약간의 경력을 가진 젊은 친구를 장기적으로 키워서 우리 회사의 주요 멤버로 만들고 싶다고 생각하는 경우가 많다.

어쨌든, 이래저래 연봉 및 현지 생활, 이해력 등을 감안하여, 우리나라 스타트업 분들은 미국인 25살을 뽑을 가능성이 크지 않을까?

물론, 나이와 근무 경력 및 국적만으로 판가름하기에는 정보가 적지만, 그래도 글로벌 사업개발을 생각하면, 당연히 미국에서 10년간 업무 경험이 있는 35살 한국인이 (영어는 당연히 유창하게 가능하다는 전제하에) 업무를 잘할 가능성도 충분히 있다는 것을 잊으면 안 된다는 뜻이다.

여건이 된다면, 두 사람을 다 뽑아도 좋다. 물론, 미국이라면 회사 입장에서의 해고 리스크도 한국, 일본에서보다 용이할 테니, 뽑고 결정해도 되겠지만 말이다.

현지인도 같이 있으면 당연히 좋고, 여러 사람의 다양한 시각과 관점이 함께 존재할수록 좋다. B2C 사업이냐 B2B 사업이냐에 따라 판단 요소가 다를 수도 있다.

다만, 업무 및 업계에서의 맥락을 알아야 가능한 업무도 있다. 한국인이 아니라 다른 국적이어도 마찬가지이다.

즉, 이러한 경우에, 현지인 여부 및 국적에 너무 얽매이기보다는, 해당 당사자의 업무 능력을 판가름할 수 있는 판단력도 중요하며, 언어와 업무 능력 양쪽을 함께 살펴보고 의사결정하는 쪽을 권장드린다.

> **✿ Tips**
>
> 결국, 현지에서 업무를 할 만한 능력이 어떤지를 봐야 하는 것.
>
> 이럴 때에 고민이 된다면, 같이 조직에 있는 멤버들과만 면접을 보는 것이 아니라, 일본 현지에서 일하며 지내는 일본인 중 친분이 있는 사람, 또는 친분이 있는 클라이언트 실무자에게 부탁해서라도 함께 커피챗을 진행해 보는 것도 좋을 것이다.
>
> 주변에 지인이 없거나, 특정 업계 및 분야에 대한 커피챗에 어려움이 있

을 경우에는, 다른 사람들을 통해 일정 금액을 지불하고 소개를 받아도 좋다.

언어적 대화가 되느냐 하는 포인트가 아닌, 업무적 대화가 되고 잘 이야기가 통하는지, 회사의 비전을 얼마나 잘 이해하고 설명할 수 있는지, 우리 회사의 장점을 가지고 상대 국가 기업에서 협업 구도를 구축해 갈 수 있는지를 보는 차원에서 훨씬 효과적일 수 있다.

(3) 맥락

비즈니스 용어만 공부하면 된다?

답부터 말하면 NO이다.

극단적으로, 현지 사업을 핸들링하고 컨트롤하기 위해, 본사의 누군가를 일본 지점장으로 보내는 경우도 많다.

마음이 급해서 그럴 수도 있다. 가장 추진력이 좋아서일 수도 있고, 어떤 이유에서든, 국내 또는 본사에서 일본어가 가능한 인원을 보내고, 현지에서 비즈니스 용어, 언어를 공부하면 되겠지하는 마음은 이해가 간다.

그게 최선인 경우도 있을 것이다.

단, 어느 나라나 그렇겠지만, 용어와는 별개로 업무용 뉘앙스가 따로 있다.

직역과 별개로 의역이 존재하는 것과 유사한 개념이다.

우리나라의 대화는 직관적인 편이고, 서로 알아듣기 쉬울뿐더러, 돌려 말하는 것보다 직접적으로 말하는 것이 조금 더 선호받고 있는 편이다. 물론 그럼에도, 쿠션어를 통해 돌려 말하는 것이 미덕처럼 여겨지는 경우도 있다.

단적인 예를 들면, 일본의 경우, "어렵다"고 말하는 단어에도 여러 그라디에이션이 존재한다.

- 불가능하다.
- 불가능할 것 같지만, 가능성이 0은 아니다.
- 잘 모르겠지만 실현 가능성이 낮아 보인다.

- 나는 그 안건을 공감하고 함께 하고 싶지만, 상사를 설득하는 것이 어려울 것 같다.
- 스케줄이나 상황 등 타의적인 부분들이 어렵다.

… 등등등.

직역하면 긍정적인 문장이지만, 실은 부정적인 내용을 내포하는 경우도 있고, 문장만 봐서는 부정적으로 들리지만, 실은 긍정적이기 때문에 내뱉는 단어와 문구들도 있다.

그 부분의 뉘앙스는 전적으로 일본에서 업무를 해 본 사람이 이해할 수 있고, 상황을 충분히 심사숙고 및 판단하여 다음 프로세스를 진행하면 좋다.

Episode

실제로, 한국 기업의 일본 진출 안건으로 여러 일본 기업에 콜드 연락을 진행 후, 메일이 오간 적이 있다. 그 과정에서, 어떤 일본 기업의 실무자가 "안건 A에 대해서는 어려울 것 같습니다"라는 답장을 보내왔다.

하지만 당시의 맥락상 내가 읽기로는 충분히 긍정적인 뉘앙스로 보였다.

구체적으로 서술해 보면, "A에 대해서는 (지금 단계의 정보로만 판단하기에는) 어려울 것 같(고, 다만 보다 자세한 근거가 있다면 참고하여 진행 가능할 가능성도 없지는 않)습니다"라는 표현으로 보였다.

그러므로, 현재까지 제공한 정보에 대하여, 근거 자료를 조금 더 추가하여 보내겠다고 고객사에 보고했다.

그러나 당시의 고객사는, "〈A에 대해서는 어려울 것 같습니다〉라는 일본어 문장을 구글 번역기 또는 ChatGPT에 넣어 보니, declined라고 번역되더라. 그러므로 거절한 것 아니냐? 왜 굳이 추가 리소스를 써서 자료를 추가하고 커뮤니케이션을 추가해야 하느냐?"라고 반응했다.

나는 그게 아니라는 것에 대해 여러 차례의 설명과 설득을 통해(그럼에도 고객사는 처음에 믿지 않았다), 결과적으로 고객사를 설득하여 해당 기업에 다음 메일을 보낸 결과, 해당 프로젝트를 추진하겠다고 답장을 받은 적이 있다.

> **⊗ Tips**
>
> 한국 기업과 일본 기업 간 비즈니스 미팅을 하는 경우, 이 맥락을 어떻게 양쪽에 잘 전달하며 이익을 최대화할 것인가가 관건이다.

개인적인 팁을 대방출해 보자면, 상황에 따라서는 미팅에서도 절대 한일, 일한 번역을 직역하지 않는데, 그건 우리의 대화 및 의도를 상대방에게 드러내지 않기 위함이다.

직역에 익숙해 있는 통역가의 경우, 그대로 양측 말을 전달하느라 바쁜 경우가 많다. 사실 그게 통역가의 역할이기는 하다.

하지만, 한국어/일본어가 어순뿐만 아니라 발음이 비슷한 단어도 많거니와, 양쪽 나라의 비즈니스를 접해 본 사람이라면, 표정 및 어조, 분위기로도 상황이나 상대방 지식을 충분히 눈치챌 수 있다.
비즈니스 내용에 따라서는 중요한 내용을 감춰야 하는 의도가 필요할 수도 있고, 정해진 시간 내에 적절히 결정 사항을 이끌어 내야 하는 기술들도 필요하다.
앞뒤 맥락에 따라서는, 들은 내용만 전달하는 것이 아니라 시장 내 현황에 대해 첨언하여 설명을 풍부하고 충분하게 행해야 하는 경우도 있다.

그래서 나는 비즈니스 미팅에 들어가는 경우, 상황에 따라서는, 상대방의 단어를 최대한 다른 종류의 단어로 바꾸어 번역하거나 해당 나라 사람만 알아들을 수 있는 단어, 유행어, 속담, 정형 문구, 키워드, 줄임말 등으로 치환하여 전달하기도 하며, 이렇게 하여 내가 앉아 있는 기업 측의 상황에 유리하게 회의 및 협상을 이끌어 낼 수 있다.

(4) 콜드

일본에서 콜드 영업은 불가능하다?

이 또한 답은 NO이다.

물론, 후술하겠지만, 일본에서는 소개 및 신뢰 관계가 가장 기본이 되는 것은, 움직일 수 없는 그리고 앞으로도 변하지 않을 사실이다. 일본이라는 나라가 얼마나 많은 자연재해를 겪었는지만 생각해도, 매뉴얼대로 그리고 관계성 및 리스크 관리를 고려하지 않고 진행되는 모든 것이 조심스러울 수 있는지, 공감할 수 있을 것이다.

그래서 나도 한국과 일본 기업을 연결할 때에는, 최대한 소개 가능한 루트를 다방면으로 찾고, 시도를 한다. 즉, 소개 및 연결을 통한 관계 형성은 기본이지만, 그렇다고 해서 콜드 연락이 절대로 불가능하지는 않다.

최근 진행했던, 한국 기업들의 일본 진출 안건들 여러 건도, 바로 그러했다.

사전에 마련된 또는 작성해 둔 제안서가 있는 경우도, 아닌 경우도 있었고, 콜드 연락을 통해 연락이 닿은 일본 기업에, 해당 프로젝트 및 연결을 의뢰한 한국 기업의 사명을 즉각 밝힐 수 있는 경우도, 대기업이기 때문에 사명 공개를 꺼리는 경우 등도 있었다. 공식 문의 창구 이메일이나 전화 등 연락을 직접 넣었고, 여러 방면의 연락들을 통해 프로젝트당 수십 건의 미팅 및 프로젝트 성사가 되었다.

물론, 전제는 유창한 일본어이다. 그건 부정할 수 없다. 상대방의 언어로 메일도, 연락도, 미팅을 통한 대화도 모두 상호 불편함이 없어야 한다.

이는, 입장을 바꿔 생각해 보아도 명확하다.

우리나라 어느 스타트업에, (우리나라는 영어가 익숙한 분들도 많으므로) 영어권이 아닌 나라, 예를 들어 태국, 인도네시아, 베트남 등에서 그 나라 언어로 비즈니스 제안 메일이 올 경우, 얼마나 장기간 팔로업이 가능할 것인가? 구글(Google) 번역기와 각종 툴의 힘을 빌어, 행여 초도 미팅을 1차적으로 갖게 되더라도, 그 이후 진행이 얼마나 현실성 있게 보일 것인가? 잘 추진될 것인가? 불안함은 없을까?

같은 이치이다.

심지어 일본은 우리나라보다 영어에 익숙하지 않은 편이고, 일본어로 일반적인 대화가 불가능하면, 이후의 리스크 및 운영 관점에서도, 다소 겁을 먹거나 또는 초기 커뮤니케이션은 해 보더라도 이후 진행이 불가할 것으로 생각하여, 서로 의도치 않은 페이드아웃이 되기 일쑤이다.

하지만 언어만 충분하다면, 콜드 연락에도 일본 기업 및 실무자들은 충분히 열려 있다.

콜드 연락이 불가능하다고만 생각하고 겁먹거나 어려운 길을 돌아가기 전에, 소개로만은 닿지 않는 어떤 기업이나 업계, 분야가 있다면, 일본어가 완벽히 가능한 사람을 통하여 커뮤니케이션을 시도해 보는 것도, 무척 효과적일 것이다.

일본에서도 영어를 잘하시는 분들이 많지만, 전체 인구가 우리나라의 2-3배에 달하는 것을 생각하면, 모든 업무 및 모든 업계에서 영어 가능한 인재가, 우리 기업의 업무 미팅에 등장할 확률은 무척 희소하다.

일본의 업무 내 영어 능력 기대 기준은 한국 대비 낮은 편이며, 한국은 대학의 입학이나 졸업, 기업의 입사, 승진 기준으로 영어 점수를 요구하기도 하지만, 일본은 그렇게 커리어의 단계 필수 조건으로 꼭 요구하지 않는다.

그리고 어느 정도 규모 있는 기업에서 근무하면 간단한 단어나 비즈니스 용어라도 영어를 접하게 되겠지만, 일본은 수도권 및 사무직 등에 취직하지 않고, 태어난 지역에서 가정을 이루고 지역사회에서 일하며 보내는 경우도 많다.

이렇게 영어에 취약하거나 관심이 없는 경우에도 잘 알아볼 수 있도록 일본어 표기가 기본화 되어 있으며, 특정 분야의 스페셜리스트에게 영어 능력을 요구하지 않는 경우도 많다 보니, 업무상 꼭 필요한 상황이 아니라면, 영어가 통하지 않는 상태로 업무가 진행되는 경우가 많다.

Small talk

일본도 영어 및 영어권, 서양에 대한 동경은 있기 때문에, 앞으로도 영어에 대한 동경은 계속되지만 영어에 대한 학습률이 급격히 상향할 가능성은 적어 보인다.

참고로, 일본의 고문(古文)은 세로로 쓰고 읽었기 때문에, 영어를 일본어로 표현한 문자들을 Yoko-moji(옆+글자, 즉, 옆으로 읽는 문자)라고도 표현한다.

특히 대학 서적의 경우도, 한국은 영어 서적 및 원서를 기본으로 수업이 진행되므로, 싫어도 어쩔 수 없이 영어에 익숙해지게 되는 경향이 있지만, 일본은 대부분의 대학 서적이 일본어로 발행된 책이며, 대학생이 영어를 접하는 것은 본인의 의지에 달려 있다.

일본의 여권 보급률도 무척 적다.

한국의 여권 보급률은 약 40%(2018년 기준)으로 알려져 있으며, 이후 더 늘어났을 것으로 예상된다. 한편, 일본의 여권 보급률은 2018년 기준 23-25%였으며, 코로나를 기점으로 지금은 대폭 줄어 2024년 기준 약 80%가 감소한 17.8% 정도라고 일컬어진다.

(5) 복붙

본국 또는 다른 나라에서 성공한 사업,
성공한 경험을 일본 시장에도 복붙하면 된다?

NO.

이건 그럴 경우도 아닐 경우도 있다가 아니라, 전적으로 NO이다. 결과적으로 외부나 고객에게 복붙한 것처럼 보일지언정, 또는 해석될지언정, 절대 그 사업을 고민하는 사람은 사업을 복붙하지 않아야 한다.

'세상을 통하는 사업모델은 어디에서도 먹히는 것 아니겠냐?' 라고 반론하고 싶은 마음은 무척 이해한다. 스타트업을 추진하는 입장에서는, 우리 기업의 지금의 비즈니스 모델을 검증받고 싶은 부분도 있고, 새로운 모델일수록 시장 검증, 법무 검토, 전략 구성 등에서 여러 난제가 발생하기 때문이다.

더불어, 우리도 Apple, Meta(Facebook), X(Twitter), Amazon,

Microsoft 그들처럼 성공할 수 있지 않겠냐고 생각할 것이다.

당연히 성공할 수 있다.

하지만 자세히 뜯어보면, 위 기업들도 나라별로 조금씩 상이한 전략을 펼쳤다.

아마존(Amazon)의 경우, 일본에서 특히 사업 진출에 박차를 가하던 시절, 당시 일본에 살던 내가 일개 유저로서, 혹은 기업에서 점차 언급되는 아마존을 사용하고 관찰하는 회사원으로서, 특징적이라고 생각했던 부분은 환불 프로세스였다. 지금으로부터 약 15-20년 전이었던 당시의 대부분의 유통 업계에서 훨씬 더 배송이 열악하고 보수적이었던 상황에도, 아마존에서는 물품의 환불 프로세스를 철저하게 관리하고 확립함으로써, 배송할 물건은 여기에 주문하는 것이 좋다라는 브랜드 이미지를 만들어 냈다.

애플(Apple)의 경우에도, 아이폰이 한국 및 일본에 진출한 시기가 다르고, 일본에서는 특히 소프트뱅크와의 협업 구도도 컸다. 실제의 계약 관계나 이익이 어떠했는지 자세한 설명은 생략하지만, 당시, 아직 타 통신사 및 일본 고유의 제조사 핸드폰 (Sharp, Sony 등) 기업들이 강세하던 시기에 소프크뱅크와 아이폰의 컬래버는 일본에서 사용되는 스마트폰 비중 1위를 아이폰으로 만들 정도로 큰 쾌거를 이뤄냈다.

본론으로 돌아와, 그럼에도, 한국이나 미국, 중국에서 성공한 사업모델을 일본에 그대로 들고 가고 싶은 마음도 백분 이해한다.

내부 및 투자자의 설득도 시간이 짧게 걸릴 것이고, 성공 후 대외적으로 어필하기에도 맥락이 아름답다. 그리고 이미 머릿속에 형성된 전략, 방향성을 그대로 확장하면 될 것이니 효율적으로 느껴지는 것도 당연하다.

여기에서 함정은, 과정이냐 결과이냐가 포인트라고 볼 수 있겠다.

각 나라별로 여러 전략 수립과 시행착오, 시장 검증을 거친 후에 결과적으로 모든 나라에서 같은 사업모델로 운영이 지속될 수 있다면, 더할 나위 없다. 그건 결과이다.

다만, 과정이 완벽히 동일할 수는 없다.

게다가, 문화도 다르고 비즈니스 컬처도 다르다.

무엇보다도, 이해관계자들이 국경을 넘어 증가함에 따라, 모두의 커뮤니케이션 및 대화에 일종의 "화자의 의도"라는 것이 추가되기도 한다. 대기업이나 대형 IP를 갖고 있는 기업도 물론이고, 본국에서 성공적으로 보이는 상품, 서비스, IP 등을 갖고 있는 기업들의 대부분은 기존 모델의 성공 경험을 그대로 복붙하려고 하는 데에서 오히려 비효율 또는 시장 검증 실패 등의 안타까운 상황을 겪곤 한다.

중간중간 "본국"이라고 표현하는 건, 한국에서만 그런 것이 아니라, 많은 다른 나라의 다른 기업들도 똑같은 고민과 실수를 하기 때문이다.

한국 기업이 일본 시장에 진출하는 건 외에도, 일본 기업이 한국 시장에 진출하는 건에 대해서도 상담, 문의 등이 오는데, 내용이나 주제를 떠나서, 양쪽 다, 전체 상황을 파악한 뒤 한국은 이러이러한 특징이 있다 또는 일본은 저러저러한 부분이 중요하다 등의 코멘트를 하면, 그래도 본인은 본인의 사업 모델을 고수하고 싶다는 말을 실제로 많이 듣는다.

해외에 진출하고 싶다고 해서 그 구체적인 플랜이나 필요한 기업을 언급, 소개 가능하도록 준비해 두어도, 본인은 "본인이 심지 굳게 자신의 사업 모델을 고수하면 자연스레 해외에서도 자신 또는 자신의 브랜드와 협업하고 싶어할 것"이라고 말한다.

물론 모든 꿈과 희망을 부정하고 싶지는 않다.

특히 아티스트나 장인 정신을 필요로 하는 공예, 또는 장인 정신으로 빚어진 식음료나 디자인 같은 것들은 그럴 수 있지만, 적어도 프로덕트나 상품, 서비스를 판매하여 성공하고자 하는 기업이라면 이익 창출을 극대화하기 위하여, "언젠가 누군가 알아줄 거야"라는 생각보다는 실제로 추진해 보는 것과, "내 기존 사업을 그대로 복붙해 봐야지"라는 생각으로 자본 및 리소스를 섣부른 사용 후 수습하느라 시간을 더 들이는 것보다는 국가별 전략을 수립하고 실행해 보는 것이 중요하다.

대부분의 기업이 사업 성공 후에 그 역량을 시험 당하는 것이 GTM 즉 Go to market하는 시기이고, 이때에 복붙을 하느냐 국가별, 시장별 전략을 잘 세우고 실행하느냐에, 성패 또는 성공하기까지의 속도가 달려 있다.

Tips

냉정한 현실이지만, 특정 스타트업이 가진 기술이, 전 세계 어디에서도 개발할 수 없는 특별한 기술이면서 동시에 각 나라별로 해당 기술의 특허를 모두 취득해 두지 않은 상황에서는, 초도 논의 후 해당 나라의 다른 기업에서 모방 및 연구, 특허 등록을 할 가능성도 있다.

우리나라에서도, 만약 해외에서 어떤 기업이 좋은 사업모델을 제안했는데, 직접 또는 주변 지인을 통해 간접적으로 실현할 수 있다면, 해외 기업이 인지도나 자본이 크지 않은 이상, 빠르게 자국 기업들과 시도해 보려고 하지 않을까?
실제로도 그렇게 추진하는 경우를 자주 보았다.

그렇다고 해서 기업 미팅에서 많은 정보를 숨기고 감추라는 의미는 아니나, 타국에서 모방하여 공개할 수도 있고, 이미 타국에서 연구 중인 내용이었다면 속도를 빠르게 하는 등의 경쟁 구도가 발생할 것도 포괄적으로 고려하여 전략을 수립하는 것이 안전할 것이다.

(6) 전략

전략은 HQ(Head quarter)에서만 갖고 있으면 된다?

NO.

전략이라는 단어를 글 도중에 표현하고 있기는 한데, 이 전략이라는 단어가, 듣는 사람에 따라서는 가장 최상위의 개념 또는 허상의 개념 등으로 생각하고 있지 않을까 우려된다.

전략과 전술 비교에서도 있듯이, 전략이라는 개념은, 어떠한 현상이나 원인들을 기반으로 하여 우리 또는 자사가 앞으로 어떠한 기준으로 무엇을 어떻게 할지, 방향과 청사진을 그리는 축이라고 볼 수 있다.

경영진은 전략을 최상위 개념이라고 보고 실무와 떨어뜨려 생각하는 경우가 많은데, 최상위 개념은 Mission(Why), Vision(What), Value(How)으로 정의하는 경우도 있다. 또는, 단어의 순서는 조금 다르지만, 골든 서클(Golden Circle)을 상상해도 좋다.

MVV, 즉 기업의 미션, 비전이 무엇이고 밸류를 어떻게 높일지는 모두가 공유해야 하는 개념이며, 전략은 언제든 수정할 수 있고 수정될 수 있는 것이다.

전략은 조금 더 실무와 보폭을 좁힐 필요가 있다. 전략을 성역으로 만들어 국가별 전략을 고뇌하지 않는 것은 어리석은 일이다.

실무자는, 위와 같은 배경에 의해서도 그렇고, 전략을 허상의 부분으로 본다. 실무와 관계가 없다고 생각하거나, 전략을 탁상공론, 희망 회로, 꽃밭 등의 표현으로 비하하기도 한다.

상황이 그렇다 보니, 경영진이나 주요 의사결정권자가 국가별 전략을 잘 다듬어 실무진에 공유해도, 실행으로 잘 연결되지 않는 경우가 많다.

이야기하고 싶은 포인트는, "전략"이라는 단어가 고리타분하거나 최상위 또는 최하위(허상) 개념이라고 생각하기보다, 각 국가나 지역에 맞추어 충분히 수정될 수 있는 성질의 것이라고 볼수록, 진출의 효율과 속도를 올릴 수 있을 것이다.

재팬비즈 제로투원

한국 기업 중 일본 시장 진출 및 커뮤니케이션 관련 문의가 온 적이 있다.

나는, 무슨무슨 업계는 이런 성향이 있고 일본이라는 국가는 이러한 특징이 있는데, 특히 어느 기업은 어떤 포인트를 중요하게 보기 때문에, (1) 그에 따른 전략을 그들 즉 일본 측에 전달하여 논의하거나, 혹은 (2) 한국 측 전략을 세워 그중 일부를 일본 측과 공유하며 디벨롭하면 좋을 것이라고 대답하였다.

그러자 해당 문의 오신 대표님은 반문했다.
"전략? 그런 것이 필요한가요?"

일순간 침묵 후 나는 대답했다.
"무엇보다 나라별로 생각하는 구조도 다르고 커뮤니케이션 구조도 다르기 때문에, 어떤 것이 우선순위인지, 방향은 어떤지, 그런 것이 있어야, 더 나은 딜 (deal)을 할 수 있죠."

그리고 몇 달 후 연락이 오기를, 일본 기업에서 전략을 물어봤고, 그때 잘못 생각했으며, 전략을 포함한 커뮤니케이션을 요청하고 싶다고, 정식 업무 요청 연락이 온 적이 있다.

(7) 육성

시장 진출 인재를 직접 육성해야겠다?

이 부분만큼은 YES라고도 NO라고도 즉답하기 어렵다.

기업이 막 창업하고 나서, 추후의 글로벌 진출을 염두에 두고 인재를 육성하는 것은, 여건만 된다면 무척 바람직한 과정이다. 포인트는, 실제 해외 시장에 진출할 때인데, 스타트업이라면 시기나 인재에 대해, 그때그때 다음과 같은 선택을 해야 할 것으로 보인다.

- 오랜 기간을 들여가며 사람을 키워갈지.
- 또는 전문가나 시니어들을 데리고 시장 및 사업을 빠르게 키우는 것을 우선으로 할지.

앞의 (2)에서 다룬, 현지인을 채용하느냐 여부와 별개로, 신입사원의 육성이냐 경력직원의 활용이냐 하는 점이다.

개인적으로는, 스타트업일수록, 자금과 스피드를 소중히 해야한다는 점에서는, 초기에는 너무 막 배워가는 단계의 신입직원보다는, 주축은 시니어를 통해 사업을 키우고, 그 시니어가 언제 빠져도 사업이나 업무가 돌아가도록 프로세스를 정비해 가며 동시에, 여건이 된다면 해당 시니어 밑에 주니어를 두어 자사에 충성적인 멤버들 및 리소스 밸런스를 조율해 가면 이상적일 것이다.

4. 차이

한국과 일본은, 비즈니스 컬처에 큰 차이가 있다.

그리고 서로가 서로의 대략적인 특징을 알거나 들어본 적 있거나 책이나 주변 지인을 통해 간접 경험을 하고 있음에도, 이게 업무가 되면 또 상황이 달라질 수밖에 없다.

서로가 서로를 이해할래야 좀처럼 이해되지 않는 부분들, 알아두면 양국 비즈니스에 훨씬 도움되고 참고할 수 있는 부분들에 대해서, 업무 프로세스 또는 분류에 준하여 열거해 보고자 한다.

4-1. 구조

생각의 구조를 먼저 살펴보자.

가장 확실한 기본 전제의 차이부터 보는 격이다.

생각의 구조와 문장의 구조를 혼동하기 쉬운데, 문장의 구조가 같다고 해서 생각의 순서나 원인, 결과도 늘 동일하지는 않다. 동일한 문장을 쓰지만 그 문장에 숨은 의도나 기인한 생각은 다를 수 있다는 뜻이다.

"밥 드셨어요?"라는 말은, 정말 밥을 먹었는지 궁금해서 물어볼 때도 쓰는 말이지만, 점심 시간 직후의 미팅 전, 밥을 다 먹었으면 이제 미팅을 하자는 의도를 담은 말일 수 있다.

이러한 화자의 의도 및 구조의 차이에 대한 이해 없이 대화를 하다 보면, 생각했던 의도와 결과가 달라지는 경험을 하게 되고, 그에 대한 정확한 파악이나 회고가 없는 경우, 대부분은 상대 국가의 실무자가 고의적으로 정보를 숨기거나 배신했다는 등의 방향으로 오해하여, 장기적 관계가 틀어지는 경우가 있다.

서로의 생각 차이를 되도록 이해함으로써, 이러한 오해나, 사업 확장의 (의도하지 않은) 기회 축소를 최대한 방지할 수 있으면 좋겠다.

⚙ Tips

일본 사람은 앞과 뒤가 다르다는 표현을 종종 한다.

또는, 인터넷이나 서적을 통해서 들은 적이 있을 것이다. 일본 사람들 본인도, 이와 같은 글로벌 평가에 대해 인지하고 있는 사람들이 꽤 있다.

"한국인은 모두 김치를 좋아하지?"와 같은 예시라고 보면 된다. 절대적이지 않지만 많이 표현되는 특징이자, 맞는 부분도 있어서 모두를 부정할 수는 없는 문구 말이다.

일본 사람들이 자신의 감정 표현을 솔직히 하지 않는 것은, 의도적으로

무언가를 숨기기 위해서만 꼭 그런 것은 아니고, 자신의 생각이나 의견을 솔직히 말하는 것이 상대방에 피해가 될 수도 있다는 생각들 때문이다.

이를테면, 내가 A라는 과자를 먹고 별로 맛이 없다고 느꼈을 때, 한국이라면 친구 B에게 "A 과자는 별로 맛이 없더라."라고 말할 것이다. 우리나라는 솔직한 것이 미덕이니까. 그리고 그 친구 B가 맛없는 것을 먹지 않았으면 하는 마음에서 우러나오는 행동이다.

일본에서 같은 과자를 먹고 일본 사람인 친구 C에게 맛이 없다는 표현을 할까? 아주 친하지 않으면 굳이 하지 않는다. 친해도 안 할 수 있다. 왜냐하면, 실은 친구 C가 A 과자를 좋아하는 취향일 수도 있고, 만약 친구 C 또는 친구 C의 주변 사람들이 좋아하는 것인데 내가 그 맛을 부정하면, C는 불쾌한 감정이 들거나, 실은 A과자를 좋아해도 내 눈치를 보느라 좋아한다고 표현할 수 없을 것이라는 상상에서 비롯되는 과정이다.

내가 어떤 발언을 함으로써 상대방이 싫은 감정이 들거나 불편함을 느끼는 것을 극도로 꺼리는 현상이라고 볼 수 있다.

즉, 대화가 오갔을 때, 해당 내용을 빠르게 전달하는 것도 중요하지만, 앞뒤에 일어날 수 있는 상황을 생각하여 의사소통을 할수록, 비즈니스 커뮤니케이션에 좋다.

더 큰 예로, 일본에서 "미안합니다", "죄송합니다"라는 표현 중 가장 일반적인 문장으로 "스미마셍(すみません)"이라는 말이 있다. 이 스미마셍의 어원을 뜯어보자면, 현실 생활에서 한자로 치환해 쓰는 경우는 적지만, "済みません(스미마셍)"이라는 한자를 쓰는데, 이것은 끝나지 않는다는 뜻이다.

상대방에게 폐를 끼치는 상황이 너무너무 죄송스러워서, 용서를 빌고 또 빌어도 그 미안함이 끝나지 않는다는 뜻에서 "끝나지 않는다"라는 단어로 죄송합니다, 저기요 등의 문구가 형성된 것이다.

비슷한 예로, 일본에서 "고맙습니다"를 "아리가또우 고자이마스(ありがとうございます)"라고 하는데, 그 기본 사상도 비슷하다. 뒷부분에 등장하는 고자이마스는 어미 부분을 정중하게 바꾸는 것이고, 문장 앞단에 드러나는 "아리가또우(ありがとう)"의 형용사인 "아리가따이(ありがたい)"는 "有り難い(아리가따이)"라는 한자를 쓴다.

한자 및 단어의 이유는, 이렇게 감사한 일은 좀처럼, 다시는 있기

어려운 일일 정도로 감사하다 라는 뜻에서, 고맙다라는 것을 "존재하기(有り) 어렵다(難い)"라고 표현하는 것이다.

(1) 결과 vs 과정

한국은 사물의 결과를 중시하고, 일본은 사물의 과정을 중시한다.

한일 간 프로젝트의 제안 또는 실행 과정에서 커뮤니케이션을 하다 보면, 가장 큰 차이는 아무래도 결과와 과정이다.

한국에서는 "모로 가도 서울만 가면 된다"라는 속담이 있을 정도로, 결과 그 자체가 어떠한지를 많이 보는 편이다. 한편, 일본에서는 결과 그 자체보다는 과정을 중시하는 편이다. 결과가 잘되지 않아도 과정이 충분히 열의가 있고 유의미하다면, 이후의 업무나 프로젝트의 토대가 될 것으로 인정하는 쪽이다.

이렇게만 쓰면, 그럼 과정을 중시하는 일본이 더 좋은 것이냐고 반문할 수 있는데, 그렇지는 않다.

아무래도 결과를 중시하는 한국 입장에서는, 결과를 통해 의사 결정을 하다 보니, 진행 속도가 빠른 경우가 많고, 이러한 결과 및 성과주의, 그리고 실제로 그러한 특징을 통해 최근 약 20년간 글로벌에서 이뤄낸 성과들을 통해, 일본도 과정보다는 결과를 중시하는 쪽으로 일부 변화하고 있으며, 한국도 결과만 중시하느라 과정에 소홀히 하지 않았는지 반성하는 기업도 있을 정도이니, 꼭 어느 한 쪽이 모든 하나의 워딩, 개념을 대표한다고 보기는 어렵다.

하지만 전반적으로 보면, 한국은 결과, 일본은 과정.

더불어 그러한 사고 구조에서, Next action이 결정된다는 점은 무시할 수 없는 사실이다.

(2) 효율 vs 신뢰

언급한 것처럼, 한국은 결과를 중시하다 보니, 속도, 효율을 최우선 하는 경향이 있다.

물론 일본이라고 해서 속도나 효율을 중요하지 않다고 생각하는 것은 아니지만, 우선순위가 조금 다르다.

그러한 점에서, 한국은 특히 임기응변의 능력이 포괄적으로 요구되기도 한다.

포괄적이라는 것을 풀어쓰자면 이렇다.

일본에서도 어떠한 상황이 급격히 닥쳤을 때, 임기응변의 대처가 필요하다. 그러나 임기응변이 허용되는 그 순간에 대한 부분의 대처와 처세를 임기응변의 범위로 본다고 생각하는 것이 적합할 듯하다.

반면, 한국에서는 매순간 임기응변이 필요하다. 프로젝트를 진행하면서, 또는 서비스를 운영하면서, 순간순간 몰려드는 예상못 한 상황들에 대한 처리를 전반적으로 포괄한 형태로 임기응변 가능한 인재를 기대하는 경우도 꽤 있다. 그래서 한국은 사전 준비 여부보다는, 효율과 임기응변의 능력이 뛰어날수록 해당 프로세스나 인재가 선호되는 편이다.

일본의 우선순위는, 무엇보다 신뢰 그 자체에 있다.

어려운 상황에서 재치와 기지를 발휘하는 것도 멋진 행동이지만, 그게 상사나 부하 직원의 신뢰를 오롯이 유지할 수 있을지, 고객사나 거래처의 신뢰에 반하는 행동이 되지 않을지, 외부 고객이나 유저의 신뢰에 영향이 가는 방법은 아닐지, 하나부터 열까지 신뢰를 기반으로 살펴보고 검토하고 행동한다.

이 이야기를 예시로 들어보자면, 고객센터를 상상해 볼 수 있겠다. 고객센터에 전화가 걸려와서, A라는 고객이 B라는 제품을 받았는데 문제가 생겼고, 인터넷을 찾아봐도 도저히 해결이 되지 않고, 지금까지 없었던 고장 사례인 것 같다 등의 이야기를 했다고 생각해 보자.

이때에, 대처 가능한 방법은 여러 가지 있을 것이다.

그래서 대처 방법들을 살펴보고 안내하던 중, A 고객은, 빠르게 해결해 주지 않으면 곤란하다고 강경하게 나오고 상황이 점점 긴급해졌을 때에, 한국이라면, A 고객의 상황을 최대한 빠르게 해결하고 싶다는 일념으로 대안을 제시할 것이고, 그 안에는 임기응변적인, 즉 상사나 부서 내 명확히 얼라인 되지 않은 옵션도 있을 수 있다. 그럼에도 그 옵션을 A 고객이 선택하여 회사에도 고객에도 큰 피해 없이 상황이 수습된다면, 회사에서는 이 사람을 일 잘하는 사람으로 인정하고, 기꺼이 수고했다고 표현할 것이다.

일본이라면, A 고객의 상황을 빠르게 해결하고 싶은 마음은 한국과 동일하게 굴뚝같겠지만, 그 어떤 임기응변도 옵션도 매뉴얼에 없는 것이라면 안내하기 어렵다.

그 옵션을 제시하는 것 자체가 회사에서 금지된 내용일 수 있고, 자칫 안내한 내용이 나중에 외부에 퍼져서 회사의 신뢰도 또는 브랜드 이미지에 금이 갈 수 있는 점 등이 일본이 가장 우려하는 점이다.

이렇게 우려사항을 일일이 열거하거나 학습시키지 않아도, 지시에 없는 내용을 함부로 외부에 유출하거나 안내하면 문제가 될 수 있다거나 상부 및 조직의 지시를 최우선 한다는 전제가 머릿속에 깔려 있다.

그래서 일본에서는, A 고객의 상황을 충분히 듣고, 최대 며칠

이내로 답변을 드리겠다는 가장 공식적인 안내를 마친 뒤에, 회사 내에서 긴급회의를 소집하거나 옵션 제시에 대한 논의, 또는 상부 승인을 받고 여러 과정을 거치고 또 거쳐, 최종 정리된 내용으로 A 고객에게 연락 또는 사죄하러 방문 등으로 이루어질 가능성이 크다.

이 과정이 일본의 일반적인 프로세스이다.

여러분도 글을 읽으며 느낄 것이다. 그 어느 쪽도 옳고 그른 문제가 아니라는 것을.

그저 생각의 구조, 각 상황에서 가장 우선하는 가치가 다른 것이다.

(3) 고속 vs 치밀

결과를 중시하는 한국이 임기응변을 선택해서라도 이루고 싶은 콘셉트는 "빠름"이다.

빠르게 문제를 해결하고, 다음 문제를 해결하고자 움직이는 것. 이것이 한국에서 (우리가 다같이 소리 내어 굳이 표현하지 않더라도) 바람직하다고 여겨지는 업무 추진의 모습이다. 중간중간 구멍이 있거나 빠진 것이 있더라도, 추진하면서 메꾸어 가면 된다는 것이 기본적인 기조라고 볼 수 있다.

물론, 기업에 따라 혹은 기업의 규모나 상황에 따라 다소 상이할 수 있지만, 평균적인 이야기이다.

과정을 중시하는 일본이 신뢰를 최우선으로 두어 달성하고자 목표하는 콘셉트는 "치밀함"이다. 얼마나 치밀하게 사전 준비를 전부 이루었는지, 사후 대비는 또 얼마나 치밀하게 해 두었는지, 이것이 일본이 생각하는 평균적인 미덕이다.

Episode

최근 일정 시기의 핀테크 및 블록체인 업계의 속도는 한국이 일본보다 빠르게 성장하였다.

한국의 업계 상황이 붐업하던 시기에서 조금 시일이 지나, 그런 한국의 스피드를 본받아, 일본이 이제부터 막 속도를 내려고 한다는 소문을 접하고, 일본의 해당 업계 컨퍼런스를 참석했다.

그 컨퍼런스에서 일본의 기업들이 본인들의 사례를 발표하였는데, 놀라웠던 것은, 실적 공개까지 이르는 속도가 느린 대신 치밀함을 택했다는 것이었다. 컨퍼런스에 나오기 전까지 약 10개의 고객사 사례를 비밀리에 추진하여, 모든 것이 런칭하고 난 뒤에서야 컨퍼런스에서 해당 내용을 발표하고자 참석한 것이다.

한국이었다면, 10개의 고객사 사례를 기다리기 전에라도, 각 고객사별 보도자료가 나가거나 이미 해당 기업이 여러 사례에 대해 외부 활동을 시작했을 것 같다. 그래야 빠르게 알리고, 시장 분위기도 형성하고, 빠르게 추진할 수 있으니까 말이다.

하지만 일본 기업은, 두어 개의 프로젝트로 세상에 공개해서는 빈약하거나 주요 컨셉이 부족해 보이거나 신뢰도 차원에서 모호할 수 있다는 여러 우려를 유념해서, 10개의 사례가 모이기까지 약 1년 가까이 추진 또 추진, 하지만 외부 기사나 공개가 되지 않도록 최대한 내용을 온전하게 보존하며 추진함으로써, 치밀하게 준비된 10여 건의 사례를 발표한 과정이었던 것이다.

☕ Small talk

우리나라에서 스몰톡 주제로 자주 쓰이는 MBTI가 있다.

MBTI가 유행하기 전에는, 다들 알다시피 혈액형을 가지고 성격을 나누는 이야기가 수십 년의 스몰톡을 지배했다.

혈액형으로 성격을 분류하고 궁합을 보는 것은 일본과 우리나라가 대표적이다.

그래서 사실 MBTI는 물론 행동이나 성향에 대한 분석이고 양분하여 나누거나, 사람의 성격이 바뀔 수 있음을 내포하고 있지만, 그럼에도 혈액형 이야기의 대체재로 일본에서 유행할 가능성이 있지 않을까 내심 기대하기도 했다.
그럼 더욱 스몰톡의 주제 범위가 넓어질 것 같았기 때문이다.

아직은 일본에 MBTI가 크게 유행하고 있지는 않다.
2024년 여름까지의 모습은, 한국의 MBTI 유행과 여파를 경험한 기업에서 일부 프로모션이나 마케팅 수단으로 시도해 보고 있는 쪽에 가깝다.

그러나 위에서 언급한 것처럼 치밀함과 준비성을 미덕으로 하는 일본이니만큼, 대부분은 학습적 또는 후천적으로 J(계획적)가 나올 것 같고, MBTI의 묘미는 서로의 차이를 발견하는 재미이기 때문에, 일본에서 한국과 같은 규모로 유행하기에는 아직 조금 난이도가 있을 것 같기도 하다.

(4) 단기 vs 장기

한국의 고농축, 고효율, 고속도. 그리고 일본의 꼼꼼함과 치밀함.

이 요소들은 기업들의 사업 계획과 방향성 수립에도 큰 영향을 준다.

한국도 일본도, 각 기업은 단기 목표와 중장기 목표를 갖고 있다.

특히, 어느 정도 규모가 있는 대기업이나 중견 기업이라면, 스스로 혹은 본인의 상사가 위(라고 일컫는 상층부 어딘가)에 불려 가서 중장기 목표 발표하고 오느라 힘들었다, 발표 자료 준비하느라 고생했다 등의 대화를 들은 적이 있을 것 같다.

한국은 단기 계획으로부터 장기 계획을 그리고, 일본은 장기 계획으로부터 단기 계획을 그리는 경향이 크다고 해석할 수 있다. 물론 둘 다, 단기는 As-is부터 Can-be를 그리고, 장기 및 중장기 계획에서는 To-be를 그린다. 그 개념에 큰 차이가 있지는 않다.

하지만 한국은 보다 실현 가능한 것을 단기 계획으로 주축을 잡고, 그것을 중심으로 하여 장기 계획이 그려지는 것이 우리네 머릿속에서 자연스럽다고 느끼는 편이다. 그리고 단기 계획으로 잡은 것이 예상보다 빠르고 순조롭게 진행된다면 장기 계획은 더 확장될 수 있으며, 그 내용을 약간의 임기응변을 구사하여 멋지게 확장, 확대하고 투자를 받거나 미디어에 노출될수록 한국의 사회 또는 스타트업 업계 등에서 인정받기에 유리해지는 것도 사실이다.

일본은, 장기적으로 계획을 먼저 잡는다. 물론 너무 허황되거나 뜬구름 잡는 이야기가 아닌, 어느 정도 실현 가능할 것으로 예측되는 미래에 대하여 중장기 계획과 목표를 잡는다. 그리고, 그걸 쪼개고 쪼개어서 단기적으로 봤을 때 어떤 진행이 가능할지를 시뮬레이션 하여 단기 계획을 잡는 것에 가깝다.

즉, 어떻게 보면 단기 계획의 목표 달성이 지나치게 좋았다고 하더라도 조금 목표 달성을 빠르게 하여서, 이후의 중장기 계획을 더 탄탄히 실행할 여유 기간을 확보한 것일 뿐, 단기 계획의 실적과 평가가 좋다고 해서, 장기 계획을 크게 변경하지 않는다. 원래 세운 단기 계획 자체가 장기 계획에서 파생된 것이기 때문이다. 장기 계획이 더 확장되는 것은, 확장이나 변화가 필요하다는 다른 이슈나 리스크가 제기되었을 때를 전제로 하며, 임기응변을 구사하여 더욱 확장하고 수식해 가는 한국과는 다르게, 단기 계획의 실행에 대한 반성과 회고, 재검토를 하여 장기 계획을 더 단단하고 견고히 하는 것이 그들에게는 사업적 미덕이고 사업 안정화인 것이다.

정리하면, 한국은 가능한 것부터 착수하고, 일본은 청사진부터 그린다고 볼 수 있다.

상황이 어려울 때에는 일본의 방식이 더 안정적이기는 하다.

재팬비즈 제로투원

단기 계획이 순조롭지 않을 때에, 그럼에도 그 수습과 정리정돈, 조율의 목표는 장기적 계획에 있기 때문에, 그것에 맞추어서 단기 계획의 마일스톤이나 기한을 지연해서라도 장기 계획의 달성이 중요하기 때문이다. 오죽하면, 고객사의 업무를 수주하여 진행하다가 큰 문제에 직면할 때에도, 근거와 이후 계획, 리커버리 계획 등을 제시하여 납기를 뒤로 조율하는 것 자체는 일본에서 큰 이슈가 아니다. 이벤트 당일에 맞추어야 하는 납품이라면 문제가 생길 수 있겠지만, B2B 또는 시스템의 조달 등, 유저에게 직접적으로 피해가 가는 내용이 아니라면, 납기는 조율 가능한 축에 속한다.

상황이 어려울 때에 실무가 고통스러운 것은 한국의 방식이다.

한국에서는 고객사와의 갑을 관계에 수긍하고 복종하는 문화도 있고(일본도 갑을 관계는 비슷하다), 특히 효율, 결과가 중요하여 모든 평가가 그에 좌우되다 보니, 직전 예시처럼, 단기 계획이 순조롭지 않을 때에는, 일정을 미루는 것이 아니라 기능 일부의 업데이트를 뒤로 미룰지언정 서비스 런칭, 오픈은 납기일에 맞추어 새벽까지라도 완성해 공개 완료를 이루어 내는 것이 한국의 방식이다.

서비스가 아니라 문서나 자료여도 그렇다. 우선은 일부 내용을 빠뜨려서라도 납기일에 맞추어 모든 것은 제출, 납품하고, 그 후에 보완 또는 케어 등의 여러 워딩과 함께, 빠뜨려 두었던 내용을 보완, 개선하여 2차, 3차 납품 등 후속 진행이 이어지는 경우가 잦다.

상황이 좋을 때에는, 당연히 초반에 적었던 것처럼, 한국의 "실현 가능한 상태"로 계속 바꾸어 가고 잦은 업데이트를 하는 것이, 훨씬 더 잠재적, 연쇄적 효과를 누릴 수 있으며, 더 커다란 임팩트를 줄 수 있다.

조금 바꾸어 말하면, 잘 안되어도 목표를 향해 간다고 할 때, 그 목표가 어디인가?

한국은 단기적 목표를 계속해서 유연하게 바꾸어 가며 가능한 것을 개척해 가고, 일본은 장기적 목표를 설정한 것에 충분하고 가치 있는 고집을 갖고 꾸준히 추진해 가는 것.

그것이 이 둘의 차이이다.

(5) 용서 vs 실망

　그럼에도 불구하고 분명, 잘되지 않는 경우, 실수나 잘못, 커다란 오류나 에러, 문제는 생길 수밖에 없다. 사업 또는 시스템에서 문제가 안 생길 수가 없는 것이다.

　그리고 어느 조직이든, 문제에 대한 해결을 하고자 최선을 다하는 과정이 발생한다.

　이러한 문제해결에서 한국과 일본은 또 다른 양상을 보인다.

　쉽게 말하면, 이렇다.

- 한국은 10번 못해도 1번 잘하면 용서받는 편이다.
- 일본은 10번 잘해도 1번 못하면 관계 회복이 힘든 편이다.

　바꿔 말하면, 한국은 실망을 자주 하지만 그래도 소위 말하는 "정"이라는 문화도 더하여, 용서도 쉽게 한다. 일본은 실망하기보다는 최대한 "기회"를 주되, 용서할 범위를 넘어선다면 그전까지는 용서가 쉽다가 그 선을 넘어서는 순간 용서가 어려워진다.

동료 직원이나 부하 직원이 이직 또는 퇴직을 하게 될 때에, 인수인계 작업에서 평가가 갈리는 경우들이 있다.

그간 업무를 굉장히 잘 했는데, 인수인계를 속된 말로 개판으로 하고 나가는 경우가 있다. 또는 그간의 업무는 설렁설렁 즉 훌륭하다고 표현하기 어려운 업무 수준이었으나, 퇴사 시 꼼꼼하고 정중하게 하고 나가는 경우가 있다. (물론 후자의 확률은 전자보다 희소한 편이다.)

한국이라면, 전자의 경우, 업무를 아무리 잘했어도 마무리가 좋아야 한다는 생각에, 인수인계가 적절하지 못하면 레퍼체크 (Reference Check) 담당자에게라도 반영하고자 할 정도로 큰 화를 내기는 한다. 그럼에도 그 사람이 어느 순간엔가 담당자에게 다시 와서 '죄송했습니다, 반성합니다, 잘못했습니다'라고 표현하면 아마 대부분은 '그래, 그럴 수 있지' 하고 쉽게 용서할 것이다.

일본도, "끝이 좋으면 모든 것이 좋다"라는 정형화된 어구도 있고, 인수인계 과정마다 겪는 실무자의 고통은 비슷한 편이다. 계속 업무를 잘하다가 인수인계만 별로였다고 해도, 그것을 크게 뒤끝으로 남기지는 않고 이유가 있겠거니 하며 함구할 가능성이 크다. 그 사람을 무척 아끼거나 감싸지는 않겠지만 그렇다고 험담을 하거나 지나치게 비난하지는 않는다. 어느 정도 용서할 수 있는 선 내에서라면.

하지만, 이 선은 지켜야지 하는 선을 넘어 버리면, 크게 실망하고, 다시는 그 사람이나 그 기업과 거래하지 않는다.

이 차이가 가장 크게 느껴질 수 있는 부분은, 거래의 종료 및 결렬 시이다.

한국의 경우, A라는 기업이 B, C, D, E 등 여러 기업들과 다양한 논의를 하다가 몇 개 기업에 대하여 최종적으로 협업 결렬 또는 계약 결렬이 될 수 있다. 여기에서는 D, E 기업이라고 설정해 보자.

그럼, A 기업은 D, E 기업에 그 내용을 연락할 것이고, 연락을 받은 기업은 약간은 분노하며 해당 고객사를 개인적 범위에서 비판 또는 비난할 것이다. 그 또한 조직 내 커뮤니케이션이므로, 조직 동기부여에 필요한 상황일 수 있고, 반응도 정상적이다. 이후 시일이 지나 해당 프로젝트가 아닌 다른 프로젝트 안건으로 A 기업이 D, E 기업에게 "그때는 미안했다. 하지만 새 안건이 있다. 같이 하고 싶다"고 연락한다면, D, E 기업은 다시 테이블에 올라 해당 논의를 지속할 가능성이 높다.

일본은 상황이 다분히 다르다.

일본에서 A기업이 B, C, D, E와 논의 후 D, E가 드롭된 경우, D, E는 이유만 명확하다면 분노하지 않는다. 근거가 그렇다면 그럴 수 있다고 생각하는 편이며, 만약 A 기업 때문에 다소 노동력이 들어갔다면, 그 리소스가 좀 아깝다 정도이지, 결렬이나 드롭된 사실에 대해서는 크게 개의치 않는 쪽이다.

하지만, 이유를 명확히 말해 주지 않거나, 특히 결렬에 대한 연락이 지나치게 간결하거나 상대방을 배려하지 않는 내용인 경우, D, E 기업은, 그 자리에서는 그러한 무례함이나 간결함에 대해 지적하거나 표현하지 않지만, 이후 A 기업이 더 좋은 안건으로 연락을 해도, D, E 기업은 "다음에 검토하시죠"라는 방식으로 돌려 거절할 가능성이 크다.

신뢰를 명확히 저버렸기 때문이다.

실제 업무들에서도, 이 과정에서 큰 의식의 차이를 느낀다.

한국 기업은, 여러 정황상, 눈앞의 일이 더 바쁘고 하여, 어떠한 내용의 결렬, 보류, 드롭 등에 대하여 간결히 전달해 두고, 다음 기회를 모색하고자 고군분투하지만, 일본 기업은 그럴 듯한 프로세스에 맞추어 사과와 설명, 납득을 지속적으로 이어가는 것이 다음 관계를 더 계속 이어 나가기 위한 밑거름이 된다. 상황이 그러하다 보니, 한국 기업은 나중에 연락해 보니 일본 기업의 대답이 뜨뜻미지근하여 답답하거나 앞과 뒤가 다르다고 느끼고, 일본 기업 입장에서는 한국기업은 필요할 때만 찾고 그 이후에는 팽한다고 해석하기 일쑤다.

그저, 양쪽의 문화 차이일 뿐인데 말이다.

(6) 영향 vs 위기

영향 즉 임팩트가 얼마나 큰가, 그리고 위기 관리 차원에서 리스크 경우에도, 언급한 사고방식의 차이로부터 비롯되는 여러 차이들이 존재한다.

한국은 임팩트를 주는 것이 남의 눈에 드는 방법이다.

일본은 리스크를 대비하고 방지하여 피해를 최소화하는 것이 남의 눈에 드는 방법이다.

한국도 일본도, 타인의 눈치를 많이 보는 편이고, 오히려 그 반향에서인지 해외에 나가면 개인일 때 조용하고 단체일 때 시끄럽다는 목격담도 종종 있다.

두 나라 다, 유럽, 미국 등 서양의 개인중심보다는 단체 또는 집단 중심으로 굴러가는 사회이기도 하다.

☕ Small talk

여담이지만, 사회라는 단어는 Society라는 외국어를 일본에서 "社会(しゃかい, 모일 사, 모일 회, 사회)"라고 번역하고, 그 번역한 단어가 한국에 들어와 쓰임으로써 한국의 사회라는 단어로 정착하였다.

한자어 중에는 중국발 한자어도 많지만, 사회 등은 대표적인 일본발 한자어이다.

일본의 "모이다"라는 개념이 한국의 "모이다"라는 개념과 완벽히 동일할지, 약간의 차이가 있을지 등, 언어 및 단어마다 해석이 달라질 수 있는 점에서, 정말 그 단어가 우리의 사고방식과 부합하는 것인지와 같은, 언어로 인한 사고방식의 영향도 다분히 엿볼 수 있다.

사회라는 한자어는 일본을 출발해서, 일본 번역서 문서나 서적들을 통해, 한국, 중국, 베트남으로도 수입, 수출되었다고 하니, 무척 독특한 사례이기도 하다.

이렇다 보니, 한국에서는 마케팅이나 홍보, PR 등의 경우에도, 얼마나 임팩트가 있을지를 일본보다 우선하는 경향이 있다. 꼭 홍보가 아니더라도, 자극적인 기사나 미디어 콘텐츠가 좀처럼 사그라들지 않는 것도, 임팩트를 우선시 하기 때문이라고 볼 수 있겠다.

일본도 자극적인 타이틀을 가진 미디어 콘텐츠가 증가하고 있는 건 여느 나라와 다름 없지만, 그럼에도 기업이나 업무 관련된 것에서는 임팩트 그 자체보다는 리스크 관리를 가장 최우선의 영역에 둔다. 그래서 보다 치밀하고 보다 준비성 있는 자세로 홍보를 준비하기도 하고, 프로세스가 많고 길기도 하고, 마케팅 계획의 확정까지 근거 제시와 승인에 긴 시간이 걸리기도 한다.

한국은 "약간의 리스크가 있지만 임팩트가 크다"고 하면 그 옵션을 선택할 가능성이 충분히 있고, 일본은 같은 말을 들으면, "리스크가 있다면 리스크의 크기와 별개로 해당 진행을 하지 않겠다"고 답할 가능성이 클 것이다. 그럼에도 꼭 해야 하는 사업이나 안건이라면, 리스크 대비나 리스크 관리 계획을 어떤 식으로 표현하여 일본 기업들을 설득해야 할지, 충분한 고민과 뉘앙스의 전달이 필요하다.

(7) 미분 vs 적분

지금까지 언급한 내용을 조금 수학적으로 되짚어 본다면, 한국은 미분 중시, 일본은 적분 중시라고 해석해 볼 수도 있을 듯하다.

한국은 빠른 성장, 효율, 속도, 임팩트 등을 중요시 하다 보니,

전체의 기울기가 급하게 상향할수록 선호하거나 기대가 크다. 제이곡선(J Curve)과 같은 추이를 많이 기대한다.

일본은, 누적, 축적 그리고 총 면적을 중요시한다. 속도는 느려도 축적이 꼼꼼하고 끈끈하게 되어가는 것이 모든 사회생활의 미덕이라고 생각하기 때문에, 사업뿐만 아니라, 이직을 하더라도 면접에서는 그러한 누적의 부분을 살펴보고자 하는 질문이 많다.

✎ Tips

한국과 일본 양쪽 나라에서 취직 및 이직을 여러 번 해 본 사람으로서 보자면, 이직 면접이나 면담에서도 이러한 국가별 경향은 충분히 드러나는 편이다.

먼저 면접 그 자체의 경우, 한국에서는 "성공한 경험", "실패한 경험" 또는 정량적으로 성공한 결과 수치나 당장 답을 어디까지 도출할 수 있는지의 속도와 결과를 보는 경우가 많았고, 일본에서는 "성공/실패하기까지의 과정" 또는 어떤 문제가 주어졌을 때 본인의 답을 내기까지의 과정과 로직을 많이 보기도 했다.

극단적으로 표현하자면, 컨설팅 회사 면접 경우에도, 한국은, 특정 문제에 대한 해답을 즉각 눈앞에서 도출해 보아라는 류의 질문을 메인으로 받았고, 일본은, 문제 고민의 시간을 충분히 준 뒤, 이 문제의 해답과, 왜 그렇게 풀었는지 과정에 대한 설명을 해 보라는 쪽이었다.

물론, 기업마다 방향 및 원하는 인재상이 다를 수 있어서 일괄적으로 흑백처럼 구분하기 어려운 부분은 있다.

Episode

이러한 부분이 크게 느껴지는 에피소드 또 하나는, 사업 후의 이직이었다.

필자의 경우, 일본 및 한국에서 업무를 다년간 경험 후, 창업하여 오랜 사업 후 다시 회사로 들어간 이력이 있는데, 이 때에, 한국 기업과 일본 기업 양쪽 다 처음에는 후보에 있었다.

하지만, 한국에서는 창업을 했었고 이제 다시 회사로 들어가려고 한다는 내용에 대하여, 창업을 했던 회사는 엑싯은 했는지, 투자는 받았는지 등이 주요 관심사였다. 투자나 엑싯 없이 7, 8년을 운영했다는 그 사실 자체에 대해서, 끈기는 인정하지만 투자를 받지 않고 운영했다는 사실이 결코 긍정적이지만은 않았다. 당시의 한국에서는 커리어상 창업 후 폐업이 불리해 보였고, 지금은 바뀌었을 수 있다. 아마 창업 자체는 누구나 할 수 있는 영역 또는 행위로도 생각해서 그렇게 비춰지는 것이 아닌가 싶다.

하지만 당시 일본에서는, 사업을 해 보았다는 것만으로도 충분한 실력과 역량, 잠재력이 있다고 평가해 주는 기업이 훨씬 많았다.

요즈음의 일본 사회는 스타트업 창업의 허들도 예전보다 낮아지고, 투자도 활성화된 편이지만, 창업이라는 액션을 취하기까지의 허들 자체도 꽤 있고, 사업을 운영하는 과정에서 겪은 것들이 조직 내 업무 운영이나 리더십에서 도움이 되고 참고가 될 것으로 여겨졌던 듯하다.

즉, 엑싯이나 투자를 한 사업이 아니었어도, 그 경험 자체를 인정하는 것이 일본의 특징이었다.

이러한 부분에서도, 매번은 아니지만 기본적인 사고 방식에 있어서는, 한국은 결과와 미분을, 일본은 과정과 적분을, 선호하고 사고한다고 생각해 볼 수 있겠다.

4-2. 감정

언급한 것처럼, 한국도 일본도 단체와 집단을 중요히 여기는 동양의 국가들 중 하나이다.

1980년대, 1990년대를 지나면서, 국가별로 다소 시기와 속도의 차이는 있었으나, 한국도 일본도 개성을 중시하는 과정이 싹텄고, 2000년대에는 자기 표현, 2010년대에는 퍼스널 브랜딩 등, 개인의 감정뿐만 아니라 개인의 표현도 중요시하는 시대가 되었다. 2020년대에는 개인 미디어를 포함하여, 그 표현들이 더욱 큐레이션되고 매칭되는 등 다각도로 진화하고 있다.

한편, 개인의 색깔과 능력들이 고도화되는 것과는 별개로, 업무를 하다 보면, 여러 인물이 함께 섞이고 팀웍을 갖는 과정에서, 서로의 다름을 인정해야 하는 순간들이 발생한다. 협력, 협업부터 정치, 질투, 또는 중립적인 간섭과 주장 등 다양한 현상과 감정이 섞이게 된다.

이 장에서는, 특히 업무를 수행하는 단체 안에서 발생하는 감정에 대해서 일부 다루고자 한다.

(1) 사촌 vs 쇠못

한국에도 일본에도 질투의 감정은 있다. 개인간의 사회에서도 그렇지만, 조직 간에서도 없을 리 없다.

이때에, 질투에 대한 표현도 조금씩 차이가 있다.

한국은 "사촌이 땅을 사면 배가 아프다"라는 속담이 참 유명하다. 나와의 관계가 가깝든 멀든, 누군가가 잘되면 그것이 부럽거나 질투가 난다, 또는 약 오른다 등의 뜻으로 배가 아프다고 한다.

잘되는 것을 시기한다는 의미는 아니지만, 남과 나의 차이의 인정에 대해서, 비슷한 맥락으로, 일본에는 "出る杭は打たれる(でるくぎはうたれる)"라는 말이 있다. 우리나라 식으로 바꿔 본

다면, 말 그대로 모난 돌이 정 맞는다는 뜻이고, 즉 튀지 말고 남들과 동화되어 있으라는 표현을 에둘러 하는 것이다.

두 말이 비슷하면서도 다른 것은, 그 각 문구의 관계성이다.

한국은 나와 사촌 즉 개인과 개인의 이야기이다.

일본은, 수많은 돌들 중 혼자 튀어나와 있는 못이 망치에게 맞는다는 뜻이므로, 집단 중에서 혼자 튀는 것을 꺼린다는, 즉 집단과 개인의 이야기에 가깝다.

일본은 한국보다 더욱 집단 및 단체를 중요하게 여기고, 그래서 더욱 집단 내에서 내가 지나치게 튀지는 않는지 혹은 튀어도 될 만한 권력이나 명분이 있는지를 무척 신경 쓰는 경우가 많다 보니, 정해진 것을 그대로 실행, 수행하거나 매뉴얼 그대로 진행하는 것이 무난하다고 평가 받는 편이다.

이 점은, 몇 차례 언급한 것처럼, 지진, 쓰나미 등 자연재해를 많이 겪으면서, 만약 집단에서의 행동을 어기면 나뿐만 아니라 집단 전체가 위기에 빠질 수 있다는 것을 오랜 세월을 걸쳐 문화적으로 학습해 온 것 때문이 아닐까 싶기도 하다.

하지만 일본 사람들 자신도, 이러한 특징이 본인들의 단점이기도 하다는 것을 알기 때문에, 무조건 튀면 안 되는 것이 아니라, 얼마나 중요한 내용을 잘 주장하느냐에 달려 있다.

(2) 외관 vs 납득

그런 과정과 여러 문제를 해결하고 극복하는 여정에서, 주변 사람들에게 공감과 동의를 받아내는 수단 중 하나는, 한국은 외적인 것, 일본은 내적인 것이 큰 것 같다.

남의 눈을 의식하는 두 나라에서 신경 쓰는 "남의 눈"은 조금 상이한데, 한국은 외관 즉 대외적인 메시지나 겉모습, 얼마나 윤택한 보상을 받을 수 있는지, 또는 권력이나 명예에 한정하지 않고, 대외적인 메시지 및 해석에 어떤 대안이 존재할 수 있는지, 더 직관적으로 느낄 수 있는 것을 기준으로 삼아 설득하거나 설득되는 경우가 많다.

일본의 "남의 눈"이 의미하는 것은 조금 더 내적인 것이다. 명분이나 근거, 납득 여부이다. 윤택한 보상 그 자체가 얼마나 납득이 가는 전후 관계를 갖는지, 주어지는 명예가 수상하거나 모호한 것은 아닌지, 그런 점들을 치밀하게 확인하고 납득해야 안심할 수 있는 것이고, 그러한 명분을 조직에서 확실히 제공한다면 일정 부분은 수긍하고 납득하며 따르고자 하는 편이다.

누누이 말하지만, 극단적으로 한국과 일본을 흑백으로 나누고자 하는 것은 아니며, 상황에 따라 다양한 패턴이 존재할 수 있지만, 앞서 서술한 내용들과 아울러 표현하자면, 일본은 원인이 중요하고, 한국은 결과가 중요한, 어쩌면 그렇기에 서로 더 비즈니스적 궁합이 맞을 수도 있다.

☕ **Small talk**

남의 눈을 의식하는 것은 꼭 나쁜 것은 아니다.

국가 및 문화에 따라 어떤 상황에서 남을 의식하는지는 차이가 있으나, 눈치 및 선입견은 사람이 스스로를 보호하기 위하여 본능적으로 발휘하는 능력 중 일종이라고도 볼 수 있다는 글을 여러 곳에서 읽은 적이 있다.

선입견 및 고정관념에 의해 본질을 보지 못하는 실수는 지양하도록 해야겠지만, 업무나 사생활에서 직면하는 다양한 상황에서, 눈치를 보거나, 편견을 갖고 잠시 상황을 판단하는 것은, 지극히 당연한 현상이며, 왜 그렇게 편견을 갖게 되었는지, 가진 편견이 맞는지 혹은 틀렸는지에 대한 객관적인 판단으로 변화시켜 가는 것이 중요하다.

4-3. 기업

앞에서 언급한 내용들은, 중간중간 업무의 예시를 들기는 했지만, 주로 기본적인 사고 방식의 차이, 생각의 기준이나 구조 등에 대해서 다뤘다고 한다면, 이번에는 기업으로서, 업무로써, 어떤 차이가 발생하는지를 자세히 기술해 보고자 한다.

문화적 특징에서 비롯된 기업 프로세스들의 차이점이라고 볼 수 있겠다.

(1) 주다 vs 받다

한국은 주고 나서 돌려받으려는 마음이 강한 편이다.

"정"으로 유명한 한국은, 마음껏 퍼주는 편이다. 반찬도 한가득 퍼주고, 또 준다. 꼭 대가를 바라서가 아니라, 그저, 주는 것이 먼저이다. 오가는 행위를 "주고 받음"이라고 표현한다. 그리고 줬지만 돌아오지 않는 것에 대한 섭섭함을 표현하면서 또 친해지기도, 소원해지기도 한다.

일본은 받았으니 돌려줘야지 하는 쪽이 두드러지는 듯 보인다. 오가는 행위, 거래를 "取引(とりひき)" 즉 받는 것과 빠지는(주는) 것 순서로 표현한다.

물론 양쪽 나라 모두 당연히 누군가 먼저 준다는 행위는 발생한다.

한국은 주는 것에 인색하지 않아, 받는 것도 조금 더 손쉽게 이뤄지는 경우가 많다. 요즘은 주고 받는 것이 부담되므로 아예 아무것도 받지 않는다는 인식도 강해졌지만, 선물을 받거나 물질적인 것을 받는 것이 크게 위화감 없는 시대도 있었다.

반면, 일본의 경우, 받고 나면 돌려줘야 하는 것이 부담이 되므로 받지 않는다는 개념이 꽤 오래 전부터 있어 왔다. 남녀 간의 호의나, 학교, 직장 등 같은 조직에 소속되어 있어서 발생하는 물건의 오고 감이 자연적으로 발생할 수 있는 경우를 제외하면, 갑작스런 부여나 제공을 당황해하는 편인데, 받으면 돌려줘야 하는 것과, 물질이 아니더라도 마음으로라도 감사함을 표현해야 하는 점에서 "신세를 지고 있다"라는 표현도 많이 쓰는 편이다.

물론 사람마다 성격도 다르고, 워낙 케이스 바이 케이스이지만, 한국에서 주는 것보다 일본에서 주는 것이 상대방이 부담스러워할 수 있음을, 일본에서 받는 것보다 한국에서 받는 것이 더 Next action을 내포하고 있음을 염두에 두면, 비즈니스 씬에서도 훨씬 의사소통이 원활하지 않을까 한다.

Tips

한국의 비즈니스 메일은 "안녕하세요"에서 시작해서 "감사합니다"로 끝나는 경우가 많다.
일본의 비즈니스 메일은 "신세를 지고 있습니다"에서 시작해서 "잘 부탁드립니다"로 맺는 것이 일반적이다.

다른 내용은 차치하더라도 이와 같은 시작의 말과 끝맺음의 말만 보아도, 최소한 이 사람이 한국이나 일본의 비즈니스 컬처를 이해하고 있는가 알 수 있다.

즉, 비즈니스 관계의 첫 관문을 통과하는 과정이다.

Episode

어떤 한국 기업에서 일본에 보내려고 쓴 비즈니스 메일을, 필자가 손보기 전에 직접 ChatGPT로 번역한 경우가 있었는데, ChatGPT는 정답이 아니라 사람들이 학습시킨 내용에 가깝다 보니, 정확하지 않은 내용들도 많이 나왔다.

재밌었던 점은, 메일의 맺음말을 한국식으로 썼을 때, "김이경 드림"을 "金イギョン ドリーム"라고 읽었던 부분인데, "ドリーム"는, 발음은 도리-무 즉 "드림"이지만, 해당 단어는 영어의 Dream이다. 위에 언급한, 영어가 어려운 일본 사람들을 위해 정해져 있는 Yoko-moji의 일종으로, 카타카나로 적혀 있을 뿐이다. 즉, ChatGPT는 "드림"이라는 "주다"의 정중한 표현을 번역하지 못하고, 영어 Dream을 일본어로 표현한 것이다.

즉, 메일의 맺음 말이 "김이경 드림"이 아니라 "김이경 Dream(꿈)"이라고 적는 것으로 ChatGPT는 가이드 해 준 것이다.

에피소드는 여기에서 끝나지 않는다.

어느 날 다른 기업의 일본 분과 업무 얘기를 하다가, Google Chrome의 일본어/한국어 자동 번역 수준이 어떠한지에 대해서 이야기 중이었는데, 마침 이 에피소드가 생각이 났다. ChatGPT에서 이렇게 번역하더라고 설명했더니, 일본 분이 깜짝 놀라면서 "아 그 의미가 그런 것이었어요?"라고 되물었다.

어떤 연유였냐면, 이 일본 분은 그간 몇 년간 한국 사람들과 계속 일본어로 커뮤니케이션 해 왔는데, 한국 사람들이 메일만 보내면 꼭 뒤에 "ドリーム (Dream)"이라고 쓰여 있어서, 한국에서 유행하는 마법의 주문 같은 것이라고 그동안 생각해 왔다는 것이다.
참 재미난 에피소드가 아닐 수 없다.

더하여, 한국에서는 업무 메일에도 가볍게 "주말 잘 보내세요", "주말 잘 보내셨나요?" 등의 어구를 넣는 편인데, 일본에서는 주말, 휴일에 대한 언급이 자칫 사생활에 대한 질문이 될 수 있어서, 사내면 몰라도 외부 고객사와의 이메일, 전화, 대화에서는 잘 언급하지 않는 편이다.

하지만 한국 사람들의 이메일에는 늘 주말 얘기가 있었다며, 주말 얘기와 꿈 얘기가 조합된 어떤 문구, 이를테면 "행복해져라~ 얍!" 같은 컨셉으로 한국에서는 이메일 소통을 하는가 보다고, 몇 년을 생각해 왔다고 하여, 커뮤니케이션이 이토록 중요하구나 싶었다.

저분은 한국 기업들과 커뮤니케이션 이력이 있는 상태이니 대수롭지 않은 에피소드로 생각했었던 것이고, 다른 경우에도 거래가 트고 난 다음이라면야 위처럼 농담이거나 정형문구이거나 좋은 뜻으로 해석할 수 있겠지만, 거래가 발생하기 전의 영업 단계에서 저렇게 뜻도 모를 단어를 상대방이 언급한다면, 거래처 입장에서는 이렇게 생각할 것이다.

"외국 기업에서 메일이 왔는데, 갑자기 주말이나 꿈 이야기를 하여, 전혀 의도를 알 수가 없다."

비즈니스 논의를 시작한 해외 기업 메일의 마지막 부분에, 영어로 "Best regards"가 아닌, "Dream, Dream, Dream!"이라고 적혀 있거나, 일본어로 "夢(ゆめ : 꿈)!" 이렇게 적혀 있다면 어떨까?

기계나 시스템에 마냥 의지하기 어려운 이유, 그리고, 언어의 뉘앙스나 의역이 중요한 까닭이다.

(2) 수평 vs 수직

이 챕터만큼은, 두 단어로 한국과 일본을 분리하기 어렵고, 수평/수직의 방향이 위아래냐 양옆이냐에 따라, 양쪽 다 해당될 수 있는 이야기이다.

한국은, 조직이 수평하고 대화가 수직적인 경우가 많다.
일본은, 조직이 수직적이고 대화가 수평적인 경우가 많다.

한국은, IT 기업들의 트렌드나 실리콘밸리식 수평 문화 도입 등으로, 조직은 수평하게 두는 경우가 많다. 또는 다들 알고 있는 것처럼, 영어 이름을 쓰는 경우가 스타트업 내에서 많기도 하고, 대기업의 경우에도, 영어 이름 또는 ~님, ~프로님, ~파트너님 등으로 호칭을 통일하여 쓰는 방식으로 많이 변화하였다. 물론, 요즘은 지나친 수평 문화가 직책에 대한 무게를 존중하지 못하거나, 업무 지시 비효율 등으로 판단되어, 예전의 직함 호칭으로 회귀하는 기업들도 많다.

그에 비하면, 일본은 아무리 스타트업이라고 해도, 또는 기업이

규모가 있으면 있을수록, 조직도가 계층적이고 단계가 많다. 인원 수가 부족하여 각각이 약간의 겸직을 불사하더라도 조직도를 명확히 그려 놓는 경우가 많다. 호칭은 "~さん(님)"으로 부르는 경우도 많지만, 기본적으로는 직책, 직함에 따른 의사소통 순서를 전제로 커뮤니케이션 한다. 즉 조직 구조 자체는 수직적이다.

한편, 한국에서는 대화가 수직적, 즉 상사의 지시는 꼭 들어야 맞는 것이라는 인식이 최근까지 강했고, 그래서 자유도와 스타트업 문화라는 차원에서 조직이 수평적이었던 것이지만, 일본은 조직은 수직적임에도 대화 자체는 평등하게 오가는 편이다. 물론, 일본도 상사의 지시는 꼭 들어야 한다고 강하게 주장하는 사람들이 있었지만, 시대의 흐름에 따라 그것이 일종의 갑질로 여겨지고, 그걸 정신적으로 힘들어하는 근로자들이 많이 늘어나면서, 평등하고 수평하게 대화하는 조직의 비율이 훨씬 늘어났다.

이 차이가 꼭 누가 옳고 나쁘고는 아니고, 그저 그러한 특징들로 업무 과정에 차이가 발생하는 것을 알아두고자 함이다.

한국에서는 대화가 수직적이므로 지시나 명령이 위에서 내려오는 편이다. 어느 정도 결론도 정해져 있다. 그 후, 수평한 조직 내에서 역할 분담을 해 가며 해당 업무를 실행하는 것으로 업무가 이뤄지는 걸 자주 목격할 수 있다.

일본에서는, 대화는 수평하기 때문에, 사람이나 상황에 따라 차이는 있을지언정 본인의 의지가 있다면 의견을 평등하게 내고 대화를 주고받는데, 이 내용의 승인을 받는 과정에서 조직의 수직적인 특징을 따라가게 된다. 우리는 이렇게 진행 해야겠는데 괜찮을지, 맞을지, 이런 점들을 정리한 것을 위, 위의 위에 있는 사람들의 승인을 받아야 진행할 수 있는 것이다.

물론 둘 다 리더의 존재와 리더십의 역량은 중요한 과제일 수밖에 없다. 한국에서는 리더의 지시한 내용이 잘 수행되느냐 하는 점에서, 리더가 미리 비전과 역할분담을 충분히 정의해 두어야 하고, 일본에서는 승인 및 피드백을 통해 최종 방향이 리더에 의해 결정이 나고 속도가 나기 때문에, 리더가 직원들, 멤버들의 생각을 충분히 이해한 뒤 적절한 판단력이 요구되는 바이다.

그래서, 자칫 발생하기 쉬운 후속 상황도 조금 양상이 다르다.

한국에서 특히 수직적이고 남의 눈을 중요시 하는 사람이 상사가 되면, 본인의 의견이 부하 직원이나 하위 조직에 받아들여지지 않았을 때에 자존심 상해하고 그 안에서 갈등이 발생하기도 한다.

일본에서는, 수평적으로 평등하고 존중하는 관계에서 나온 의견을 상사가 승인하고 결정하지만, 부하 직원끼리의 갈등이나 역량 차이가 있는 것을 상사가 명확히 발견하지 못하면, 동료끼리 갈등이 발생할 수 있다.

어쩌면, 한국과 일본에서 생각하는 "남의 눈"은, 다음과 같은 차이일 수도 있겠다.

- 한국의 "남의 눈" : 서로의 프라이드를 얼마나 잘 지키는가, 지켜주는가.
- 일본의 "남의 눈" : 서로의 프로세스를 얼마나 잘 지키는가, 지켜주는가.

프라이드는 동기 부여 및 리더십과 팔로워십과도 연결되는 부분이기 때문에, 절대로 프로세스보다 덜 중요한 것은 아니다. 한국이나 일본에서는, 모두가 있는 곳에서 누군가를 지적하거나 혼내는 경우도 있지만, 동남아시아나 인도에서는 모두의 앞에서 지적하는 자체가 엄청난 파장을 불러일으킬 정도로 금지된 사항이라고 하니, 프라이드도 가벼이 볼 문제는 아니라고 생각한다.

한국도 일본도, 혹은 다른 나라도, 상사의 명령에서 완벽히 자유로울 수는 없으며, 얼마나 어떻게 따르느냐의 차이가 있는 것이라고 볼 수 있다.

물론, 조직 내, 조직 간 정치는 양쪽 다 존재한다.

> **✎ Tips**
>
> 일본에서는, 이와 같은 특징들로부터, 모든 내용에 대한 연락과 보고를 무척 중요하게 여긴다.
>
> 여러 상황이 존재하고 발생할 수 있는 상황을 충분히 존중하기 때문에, 그만큼 공유를 빈도 높게 하는 것에 대해 중요성을 느끼며, 그것이 조직 내 신뢰를 서로에게 가져다주기도 한다.
>
> 그래서, 보고, 연락, 상담(일본의 상담이라는 단어는 한국의 의논, 상

의한다 등의 뜻)을 중요시하는데, 이걸 일본어로 쓰면 다음과 같다.

- 報告(ほうこく) : 발음은 호-코쿠, 뜻은 보고
- 連絡(れんらく) : 발음은 렌라쿠, 뜻은 연락
- 相談(そうだん) : 발음은 소-당, 뜻은 상담 즉 의논

그래서 이 3개 단어의 앞글자만 따면, "호-렌소-"가 되는데, "호-렌소-"라는 단어는 시금치라는 의미이다.
이해를 돕기 위해 예를 들자면, 생일 선물을 줄여서 요즘 생선이라고 하는데, 그게 실은 물고기라는 뜻을 갖는 것과 동일한 이치이다.

그래서 시금치 일러스트를 곁들여, "호-렌소-"를 생활화하자는 등의 캠페인도 오랜 기간 많았고, 일본에서 미덕으로 여기는 포인트 중 하나이다.

(3) 대처 vs 준비

국가별 기업의 문화 차이, 조직 차이가 이러해서, 전 장에서 다룬 특징들과 결합하여, 결국 일처리에 대한 부분에서 평가받는 부분은 다음과 같다.

- 한국 : 대처를 잘하는가.
- 일본 : 준비를 잘하는가.

알다시피, 한국은 (처음부터 보안, 안전 주제가 아니라면) 위기관리를 미리 꼼꼼히 하지는 않는 편이다. 진행하며 해결하기도 하고, 문제 발생 시 얼마나 빠르게 대처하느냐 하는 관점이 중요해서, 일어나지 않은 문제를 걱정하는 것을 불필요 또는 비효율적으로 여기는 습성이 있다.

일본은, 절대 일어나지 않을 것 같은 일조차 전부 정리하고 작성하여 각종 대안을 준비해 두어야만, 안전을 고려한 최상위 가치를 지닌다고 평가하는 쪽이다.

Episode

필자는 사회생활의 시작을 일본에서 개발 업무로 시작했기 때문에, 개발 및 테스트 단계에서 정말 발생 가능성이 희소한 항목까지 기재하거나 백로그를 관리하며 업무를 진행한 경험이 있다.

첫 사회생활에서, 처음 배운 개발 프로세스가 그렇다 보니, 이후의 커리어 중

한국 기업에서, 업무 중 직접 개발은 아니어도 개발 관련한 안건이 등장할 때에,

- 이런 리스크가 있지 않을까요?
- 이런 문제도 발생할 가능성이 있지 않나요?

라는 언급을 한 적이 있는데, 전부는 아니지만 일부에 대해서는, 한국의 시니어 멤버조차, "일어나지 않은 일을 왜 걱정하시죠?" 또는 "그런 시도를 유저가 할 가능성은 무척 적고, 일어난 다음에 걱정해도 될 것 같아요"라는 대답을 들은 적이 있다.

크리티컬 여부나 B2B, B2C 등 상황에 따라 올바른 대처 방법은 다를 수 있다.

하지만, 대처를 잘하는가와 준비를 잘하는가는 서로 다르다.
한국과 일본의 차이를 여실히 보여 주는 대화라고 할 수 있겠다.

4-4. 창업

스타트업의 경우 특히 적용되는 업무적, 문화적 차이들이 있다.

스타트업일수록 더욱 한국과 일본 문화 차이에서 크게 직면하는 내용에 대해 열거해 보자면, 다음과 같다.

(1) 결론 vs 근거

한국도 일본도, 자료의 기승전결을 보는 것은 당연지사이다.

사업이나 영업, 제안 또는 솔루션에 대한 인과관계와 로직을 살펴보고, 발주나 수주 또는 제안의 수용 여부나 투자 등을 결정하는 것이다. 자료 내 근거 및 정량적 내용이, 이후의 매출 계획과 사업기획에 그대로 반영되는 것도 부지기수이다.

이때에, 기승전결(起承転結, きしょうてんけつ, 키쇼-텐케츠)이라는 단어는 한국, 일본 양쪽에 다 존재하고 있음에도 불구하고, 이에 기대하는 흐름이 서로 조금 다르다.

한국에서 자료를 만들어 투자나 IR 관련 발표를 한다고 하면, 가장 앞장에는 "짠!" "빵!" 하는 느낌의, 시선을 확 사로잡는 내용의 주요한 내용이 있고, 그 다음부터 기승전결 즉 배경과 시장 상황, 전개 방법과 결론 및 예상 시장에 대한 흐름을 서술해 간다. 초반의 기선 제압 또는 초반에 어느 정도 주목을 끌어 집중하게 하고, 그 이후에 해당 내용의 근거와 내용에 대해 구체적으로 설명해가는 방식이다. 실제로 초반의 임팩트에 따라, 관중의 몰입도 및 설득의 퀄리티가 달라진다.

일본은, 오히려 앞장에서 그렇게 어떠한 포부나 각오, 이런 시장을 이렇게 만들겠다!라는 이야기부터 있으면, 불안함이 증가한다.
"사기 아닐까?"
"허위 아닐까?"
"과대광고를 하지 않는지 조심해서 봐야겠군."
이렇게 생각하는 편이다.

일본은, 앞에서부터 차근차근 정중하게 기승전결을 쌓고, 이러이러해서 그 결과 저러저러하게 됐다는 이야기를 풀어나가는 것이 기본 흐름이다. 그리고 자료의 결론, 최종 페이지 이후에 Appendix라는 참고 페이지를 넣어, 근거 및 인용을 그 참고자료 일부로써 많게는 수십 장까지도 덧붙여 두는 것이 일반적인 스타일이다.

이 차이는, 한국은 결론을 중요시하고, 일본은 근거를 중요하시는 점에서 그렇다. 어쩌면, 초기에 말한, 한국은 결과, 일본은 과정을 중시하는 점과도 맞닿아 있을 수 있다.

자료에서 보여지는 그러한 특징과 차이가 투자 여부나 프로젝트의 실현 가능성 여부에 대한 해석을 일부 가름하게 되는데, 대부분 서로가 서로의 다름을 잘 이해하지 못하는 경우가 많다.

한국 사람 입장에서는, 일본 기업이 가져오는 자료 내 일본어도 어렵고, 글자도 많고, 표나 그림도 많아 복잡하기도 하다. 결론이 마지막에 나올 때까지 집중해야 한다는 사실도 부담스럽고, 그래서 무엇을 제공 가능하다는 것인지, 그래서 어떤 점이 협업

가능하다는 것인지 빠르게 결론을 알고 싶어 한다.

일본 사람 입장에서는, 한국 기업이 보여 주는 자료가 오히려 알기 어렵다. 근거가 명확히 도출되지 않은 것처럼 모호하게 적힌 내용들임에도 불구하고 결론만 명확한 듯 보이는 자료는, 사실 한국 측 입장에서는 일부 내용을 구두로 보완하며 현실적으로 상황에 잘 대처하기 위한 것이지만, 그 맥락을 모르는 채 접한 일본 측에는, 때로 혹시 사기꾼이 아닐지 불안하기도 하고, 레퍼런스를 체크해 봐야겠다, 검색해 봐야겠다 등의 생각이 떠오르기도 하는 것이다.

> **⚒ Tips**
>
> 한국과 일본의 업계 차이 중, 컨설턴트 영역도 약간의 의식 차이를 동반하는 부분이다.
>
> 컨설턴트와 현업 간의 오해와 갭, 비난과 비판, 서로가 서로를 힘들어 하기도 하고, 부러워하기도 하는 부분은 대략 비슷하다. 컨설턴트가 지나친 대량의 업무로 인하여, 연봉은 높지만 계산해 보면 시급은 적을 것이라는 농담조차 비슷하다.

특히, 서양에서는 제안서나 견적서 등 여타 자료에 대하여 일정량의 돈을 지불하고 요청하는 경우도 많지만, 한국이나 일본에서는 제안서는 무료로 시작하고, 그 이후에 실질적 업무로 진행될 때에서야 노동에 대한 비용을 지급하여, 자료 작성에 대한 가치 평가가 글로벌 대비 낮은 편인 것 또한 유사하다.

다만, 일본에서는 컨설턴트라는 직종이 격무로 시달리고 연봉은 높은 것 외에도, 허상이 아닌 실제로 논리적이라는 평가도 많이 있어, 컨설턴트가 되고자 하는 사람에 대하여, 또는 컨설턴트가 된 사람이 비컨설턴트 직종에게 안내/설명하고자 하는 부류의, 로지컬한 자료 작성이나 수치화, 시각화, 자료화, 문서화 등에 대한 서적이 대량으로 있으며, 유명 컨설팅 회사를 중심으로, 시장에 대한 분석이나 예측, 조사 결과나 견해 등에 대해 주장을 펼치는 서적도 무척 많다.

우리나라에서도 컨설턴트가 만든 자료는 어느 정도 잘 정리되어 있을 것이라는 기대가 당연히 있지만, 일본은 그 기대가 훨씬 더 큰 편이다. 그리고 그렇게 상향 평준화된 자료의 템플릿이나 구성이 서적으로 많이 출판되어 존재하므로, 일본 내 미팅 및 제안서 자료의 기대치는 주로 컨설턴트가 작성했거나 컨설팅 자료로 시중, 서적에 공개된 자료를 참고하면 좋다.

(2) 숫자 vs 글자

일본도 미세하고 섬세한 수치 및 시뮬레이션 등을 잘하고 좋아하는 편이다. 수치화, 정량화에 관해서만 집중적으로 적은 책들도 많다.

다만 자료에서 과정이 아닌 어떤 결론, 결과를 논하고자 할 때, 한국은 숫자를, 일본은 글자를 표현해서 주요 메시지를 전달하고자 하는 편이다.

이를테면 다음과 같은 내용이다.

- 한국 : (앞에서 제시한 정량적, 정성적 근거들을 통하여) 저희는 연 매출 35억을 달성하겠습니다.
- 일본 : (앞에서 제시한 각종 근거 외, 연 매출 4억엔 목표 등을 전제로) 저희는 소비자 경험을 위한 AI서비스로 매출 달성을 꾀하겠습니다.

약간 극단적으로 들릴 수 있다. 그렇지 않은 자료도 많고, 균형적인 자료들도 많겠지만, 어디까지나 한국과 일본의 비즈니스 컬처 차이를 잘 설명하기 위한 예시임을 양해해 주기 바란다.

즉, 같은 내용이라도, 중심 내용에 대하여 한국은 수치로 강조를 하는 편이고, 일본은 맥락을 다지는 편이다.

한국도 맥락이 중요하고, 일본도 수치 및 데이터가 무척 중요하지만, 자료의 주요 메시지나 결론을 어떻게 전달하고 싶은가 할 때에, 위의 영향과 위기 즉 임팩트와 리스크에서 언급했듯이, 한국은 임팩트가 있는 숫자가 더 효과적이라고 생각하는 편이고, 일본은 안전성, 안정성을 고려한 맥락과 문맥, 논리 및 인과관계를 더 효과적인 내용이며, 브랜드적으로도 안전하다고 생각한다.

(3) 달성 vs 근성

또한, 자료 내에서 프로젝트 여정을 거론한다면, 다음과 같은 차이가 두드러진다.

- 한국 : 과제를 얼마나 빠른 속도로, 얼마나 많이 클리어 하는가?
- 일본 : 과제를 얼마나 열심히, 얼마나 단계적으로 클리어 하는가?

한국은 우리 기업의 속도와 문제 해결의 정도와 비중을 크게 강조하고 싶은 편이다. 달성하는 그 자체에 주목하기도 한다. 일반 유저 및 미디어에 노출되는 내용으로써도, 우리들 한국 사람은 그 쪽을 더욱 매력적으로 느끼기도 한다.

일본은 우리 기업의 안정성, 꾸준함, 준비성을 강조하고 싶은 편이다. 영업이나 대외 메시지에서도 그렇다. 달성은 어차피 해야 하는 내용이고 차별화의 요소라기엔 너무나 당연한 과제이다. 오히려 근성 즉 얼마나 그 문제에 끈질기게 매달려 해결해 가는지, 더 조목조목 그리고 섬세하게 표현하고 싶은 것이다.

그러한 이유들에서, 허들이 있는 과제들의 (이미 일어난) 이슈 및 (아직 일어나지 않은) 리스크 등에 대하여, 어떠한 가설과 단계를 두고 어떻게 클리어 해 갈지에 대한 것을 설명하는 것이, 설명을 하는 입장에서도, 설명을 듣는 입장에서도, 마음이 평안하고 안정적이다.

바꾸어 말하면, 한국은, 결론을 서두에서 또는 앞 부분에서 설명하고, 그 후에 그걸 어떻게 얼마나 달성하는지 어필하고, 일본은, 위와 같은 열성과 근성을 충분히 강조하고 설명하여 결론은 최대한 나중에, 그리고 숫자보다 글자로 표현하여, 노골적이지 않고 직접적이지 않도록 대화하는 편이다.

(4) 서사 vs 계단

업무 또는 자료상, 과정을 굳이 자세히 등장시켜야 하는 경우, 한국은 서사를 좋아한다. 평평하고 무난하게 안정적으로 성장하는 이야기는 (조금 과장하자면) 한국적이지 않다.

영화를 떠올려봐도 쉽게 이해가 될 것이다.

한국 영화, 한국 드라마 등 한국 콘텐츠는 물론 스펙터클 하거나 반전, 잔잔함, 드라마틱, 로맨스, 지식 등 다양한 걸 다루는 건 물론이지만, 나름의 굴곡과 서사를 주인공이 어떻게 극복하느냐 하는 내용이 더 마음에 와닿고 정서를 자극하는 편이다.

일본 영화는 특정 장르를 제외한 일반적인 영화들 경우, 잔잔하고 평범한, 일상적인 내용이 우리 눈에 더 띄는 편이다. 당연히 어느 나라든 장르가 종류별로 있겠지만, 우리나라의 정서보다 조용한 느낌의 분위기가 많아 우리가 보는 일본 영화 느낌도 잔잔한 특징이 크다. 콘텐츠 속 공감과 감정도, 계단처럼 조금씩 조금씩 단계별로 축적하여 표현하는 스타일이다.

☕ Small talk

일본 사람들도 당연히, 극복의 서사에 감동한다. 그것이 K-pop 아이돌이 한국, 글로벌뿐만 아니라 한일감정을 이겨 내고 일본에서도 사랑받게 된 특징이기도 할 것이며, 오디션 프로그램이 일본에서 주목받았던 현상과도 연결될 것이다.

박진영이 프로듀싱한 〈Niji project〉라는 아이돌 그룹 오디션 프로그램 경우에도, 일본 시청자들의 전폭적인 지지를 받았는데, 그런 서사가 일본에서는 잘 없었기 때문에 더욱 감동적이고 생생했을 것이다.

일본 대다수의 국민이 이들 오디션 멤버들을 응원하며, 한국 연습실에서 연급하고 노래하는 과정에 감동하고, 일본 연예인들조차, 해당 방송 내 언급된 한국 특유의 감성들을 자주 인용하곤 했다.

일본 기업 및 실무 입장에서, 업무 관해서는, 무엇보다도 안정적일수록 선호하고 호감을 갖는 편이다.

계단식으로 펼쳐지는, 단계적이고 안정적인 스토리가, 일본 기업 입장에서는 거래, 투자, 협업에 긍정적일 수밖에 없다. 사업 중 문제가 생겨도, 혹은 협업 중 상황이 변화하여도, 잘 해결해 줄 것이라는 믿음이 굳건해질 수 있다.

한국에서 추진한 창업 스토리, 과정이나 변화에 대하여, 일본 기업 또는 일본 사람 대상으로 설명할 때에는, J Curve 및 극적인 부분을 강조하기보다는, 사업적 안정성, 재무적 안정성, 운영 안정성 등에 대해서 계단식 그래프를 활용하여 충분히 설명해 보자.

그럼, 무척 매력적인 기업 스토리이자 투자 가능한 대상으로 여겨질 것이다.

4-5. 영업

제안서를 만들거나, 달성 목표를 설정하고, 더불어 타 기업들과 어떠한 전략으로 나아갈지를 정했다면, 그다음은 영업의 영역으로 넘어가게 된다.

(1) 연락 vs 행사

앞에서도 언급했듯이, 콜드 연락 그 자체가 잘못되었거나 절대로 성과를 내기 불가한 영역은 아니다. 하지만, 콜드 연락에 있어서도, 소개를 받는 경우에도, 효과적이고 효율적인 진행 방식을 판단하고 선택하여, 필요한 방향으로 나아가야 한다.

전략과 전술도 필요하다.

영업 자체에 대해서 어떻게 진행하면 좋을지 생각해 보기 전에, 우선 각 나라의 영업이 주로 어떻게 이뤄지는지를 자세히 살펴보자.

한국 기업의 영업은, 소개 경우도, 콜드 연락 경우도, 연락을 통하여 이뤄진다고 볼 수 있다. 연락? 당연히 하는 것 아닌가?라고 생각할 수 있다. 하지만, 곰곰이 뜯어보면, 이것이 주로 비대면에서 시작하는 소통임을 알 수 있다.

일본 기업의 영업은, 당연히 한국도 여러 방법의 영업 방식을 채택하듯이, 일본에서도 여러 시도를 하지만, 행사나 전시, 컨퍼런스 및 부스 이벤트 등의 행사에서 안면을 트는 것이 꽤 일반적인 편이다. 즉, 대면에서 시작하는 소통인 것이다.

보편적인 이미지만 생각했을 때에는, 한국은 적극적인 인상이 강하고, 일본 사람에 대해서는 내성적이거나 낯을 가리는 인상일 수도 있지만, 그럼에도 역시 업무나 영업에 있어서 첫발을 내딛는 순간과 관습적 행위는 양국 간에 다소 차이가 존재한다.

그래서, 부스 전시만 봐도, 한국보다는 일본에서 훨씬 전단지나 브로슈어를 나눠 주는 모습이 일반적인데, 나눠 주는 쪽도 공격적으로 배부를 하고, 돌아다니는 사람들도 그냥 구경하기보다는 정말 좋은 정보나 인맥을 여기에서 취득해서 인맥 및 안면을 트고자 하는 마음이 강하다.

한국의 부스 전시에서는, 꼭 목적성을 가진 사람들만이 찾아오는 것이 아니라, 통상적인 전시 스타일상, 시장 조사 및 관람, 구경 차원에서 들르는 사람들도 일정 비율 섞이기 때문인지, 설명과 브로슈어 배포에 적극적인 부스 운영 기업 분들도 계시지만, 너무 적극적인 모습이 오히려 첫인상을 상하게 할 수 있는 조심스러움도 있는 듯하다.

특히 요즘은 전화보다 메일, DM(다이렉트 메시지), SNS 등을 통한 소통이 활발해진 영향도 한몫해서 그런지, 대면을 처음으로 하는 완전 새로운 소통보다는 비대면에서 시작하는 것이, 영업을 하는 입장에서도, 받는 입장에서도, 조금 더 익숙한 듯하다.

일본의 적극적인 브로슈어 배포는, 길에서 티슈를 나눠 주는 모습을 상상하면, 외우기 쉽지 않을까?

한국에서도 "찌라시를 나눠 준다"라는 표현을 종종 쓰는데, 이 찌라시(チラシ)는 일본어가 어원이다.

그리고 우리말쓰기 운동에 의해 어느 정도 일본어 어원의 단어들이 사라졌음에도, 여전히 완벽히 사라지지 않은 단어 중 하나이기도 하여서인지, "찌라시"라는 단어의 어감은 국내에서 좋지 않은 편이다. 불필요한 광고지를 여기저기 우편함에 넣거나 뿌리는 이미지를 연상시킨다. 일본에서는 브로슈어의 일본어가 찌라시 정도의 개념이다.

특히, 찌라시(チラシ)라는 단어는 동사가 명사화된 것인데, 원래의 동사인 치라스(散らす : ちらす)라는 단어는, 뿌리거나 흩뿌리는 등의 행위를 나타낸다.

그래서, 다양한 재료를 흩뿌려 장식한 초밥의 경우에는 치라시즈시(ちらし寿司 : ちらしずし)라고 표현하기도 하며, 즉, 일본어의 일반적인 단어 중 하나이기 때문에, 일본 국내에서는 전혀 나쁜 단어는 아니다.

(2) toC : toB

물론, 행사 자체가 B2C이냐, B2B이냐 등에 따라 성격이 나뉠 수 있지만, B2C와 B2B를 둘 다 허용하는 행사들도 많다.

이러한 불특정 다수를 타깃으로 하는 행사의 경우, 한국은 보다 B2C에 집중하는 성격이고, 일본은 B2B에 주력하는 쪽이다.

이것은, 앞에서 언급해 온 임팩트 및 리스크, 안정성 부분들과도 연결된다.

한국은 엔드 유저들, 대중 및 고객들과 접점이 있는 상품이나 서비스라면, 그 유저 및 고객이 가장 큰 주요 타깃이 되기 때문에, 그들에게 최대한 깊은 인상을 남기고 소비 및 구매욕을 일으키는 것이 큰 과제이다. 그래서 큰 규모의 B2C 기업이라면, 해당 기업의 소비자 경험에 준하는 형태로 B2B 쪽에서도 제안을 보완하거나 협상에 임하는 편이다.

일본은, 엔드 유저가 존재할지라도, 중간에 다른 기업들이 존재하는 B2B2C 구조라면, 중간의 B 즉 기업과의 관계성을 통하여 최대한 안정적이고 넓은 유통망을 확보하거나 등의 이유에서, 기업을 타깃으로 영업 및 확산, 소통에 대한 계획을 세우는 것에 더 힘을 쓰게 된다. 그리고 B2B가 확실한 기업일수록 B2C 대응에도 안정적으로 대처할 수 있을 것이라는 전제도 있다.

(3) 소극 vs 적극

앞에서 짚었듯, 영업 그 자체는, 일본이 좀 더 적극적으로 보이는 상황인데, 실제로 일본에서는 영업사원을 위한, 영업에 대한, 많은 서적과 강연, 온라인 교육 등이 존재하기도 한다. 일본 사람들 자체가 소극적이거나 개인 주장이 약한 이미지가 있기 때문인지, 오히려 영업을 잘 하는 인재라면 영업형 인재라며 각광을 받고, 많은 소통을 주체적으로 진행, 추진하는 성격의 부분도 있다.

물론, 예전에 한창 존재했던 블랙기업이라는 단어와 현상처럼, 일본에서의 영업 사원에 대한 실적 추구, 일부 갑질과 고충 등 좋지 않은 문화들도, 업무 문화나 호칭, 관련 서적 등이 일본에서 한국으로 유입되면서, 한국에 많이 들어오기도 했다.

그래서 일본에서 "영업은 꽃"이라는 표현도 많이 하는 한편으로는, 장단점을 고루 지닌 직종이기도 하다.

한국에서는, 영업 실적이나 영업 성과에 대하여, 지나치게 푸시 하거나 푸시 받는 느낌을 개선하고자 많이 노력한 것도 있어서 그런지, 영업 직종도 분명히 존재하긴 하지만, 영업직이나 업무에 대한 팁이나 노하우 등이 서적으로 크게 활성화되어 있지는 않다. 물론 어디까지나 한국과 일본을 비교했을 때의 상대적인 이야기이다.

즉, 그러한 여러 배경과 상황, 앞서 언급한 차이들로부터, 영업이라는 틀에 대해서도, 한국은 상대방이 콜드 연락을 했다고 해서 꼭 만나 주지는 않고, 특히 연관이 없어 보이거나 아젠다가 뚜렷해 보이지 않으면 잘 만나 주지 않는다. 물론 이 점들은, 기 언급한, 효율, 상부의 지시와 공감 등과도 연결되는 부분이다.

일본은, 이러한 부스 행사를 포괄하여, 콜드 연락이더라도 영업이라는 전체 틀에 대한 인식이 비교적 더 넓게 확산되어 있고 정착되어 있기 때문에, 아젠다가 간단해도 단순 연락이 아니라 정성과 성의, 맥락이 어느 정도 있다면, 내용에 따라서는 오히려 한국보다 만나 주는 편이기도 하고, 뉴스테러나 메일링 리스트, 각종 연락처 등록과 열람, 수령하는 과정에도 무척 적극적인 편이다.

일본의 대부분의 회사는, 회사나 외부의 연락을 받아야 할 가능성이 있는 직원이라면 (또는 아닌 경우에도) 회사 업무용 핸드폰을 부여하는 것이 일반적이다.

물론, 기업, 업종, 개인의 선택 가능 여부에 따라 많은 상황이 달라질 수 있으니, 업무용 핸드폰이라는 개념 자체가 보편적 형태라고 보는 것이 더 정확하겠다.

그래서 명함은 물론, 서명이나 연락처에는 회사에서 부여된 업무폰 전화번호가 기재된다.

업무 성격에 따라서는 24시간 또는 언제든 전화 받을 태세가 되어야 할 수도 있지만, 또는 기업 문화에 따라서는 오히려 업무 시간을 이후에는 아에 보지 않거나 연락이 닿지 않는 (긴급한 상황이 아니라면) 것도, 업무용 핸드폰이기에 일반적으로 상호 양해하기 쉽다.

상황이 이렇다 보니, 오히려 영업 사원 또는 관련 직종의 직장인들은 전화번호를 밝히기 쉽다. 내 개인 번호가 아니기 때문이다.

우리나라는 개인 전화번호와 업무 전화번호가 대개 같다 보니, 클라이언트에게 갑자기 카카오톡 메시지가 와서 당황하는 등 에피소드도 많지만, 일본은 기본적으로 다른 번호를 쓰기 때문에 사생활이 노출되지 않는다.

기업 및 업무 성격에 따라서는, 업무용 파일이나 메일, 문서가 업무용 핸드폰에서만 확인 가능하도록 설정하거나, 유출을 엄격히 막기 위해 각종 소프트웨어를 깔아두거나 보안 설정을 해 둔 상태로 직원에게 배급, 대여하는 경우도 있다. 그래서 업무용 핸드폰에 특화된 소프트웨어 등 관련 서비스나 기업도 다양한 편이다.

더불어, 퇴사 및 인수인계에 관해서도, 우리나라는 연락처가 그대로이니, 인수인계가 모호하게 종료되더라도, 전화나 연락을 통해서 어떻게든 수습할 방법이 있겠지?라고 안일하게 생각하는 경우가 의외로 종종 발생하거나 혹은 연락처를 통하여 이직 후에도 지인 관계가 길게 유지되는 장점도 있는 반면, 일본은 워낙 개인 정보에 민감하여, 퇴사 후에는 개인 연락처는 인사팀 아니면 알 수가 없는 것이 일반적이고, 업무 전화번호 즉 업무용 서브 핸드폰도 퇴사 시에는 반납한 이후이기 때문에, 퇴사한 사람에게 연락을 취할 일이 거의 없거나 불가능하다.

그렇기 때문에 더더욱 일본 기업에서의 인수인계는 각종 문서나 프로세스, 인수인계에 대한 검수 여부 등을 거쳐 꼼꼼히 진행되는 편이다.

(4) 사적 vs 일적

우여곡절 끝에 연결된 고객사!

무슨 대화부터 하면 좋을까?

한국은, 사적인 이야기를 해야 친해진다.
일본은, 일적인 이야기를 해야 친해진다.

한국은, 친해져야 사적인 대화도 더욱 늘어난다.
일본은, 친해져야 업무 관계성도 더욱 늘어난다.

물론, 부스 행사에서 인사를 했거나, 업무적인 취지로 아젠다를 정하여 메일을 보냈다면 당연히 업무 이야기는 이미 시작했을 것이다.

한편, 조금 더 깊은 니즈나 이야기를 끌어내는 데에는 당연히 다소의 시간과 노력이 소요될 것이다.

한국은 이런 때에, 업무 얘기를 하다가 사적인 이야기를 하면서 친해지기도 하고, 친해지면 더더욱 사적인 대화를 많이 하는 편이다. 고객사나 영업처, 거래처와 꼭 친해져야 하는 것은 아니지만, 그래도 아직 덜 친할 때에는 어디 사시는지, 업무는 바쁘신 편인지, 쉬는 날에는 무엇을 하시는지, 그런 대화가 주를 이룬다. 주로 어디에서 하냐면, 핸드폰 문자나 카카오톡, 이메일의 맺음말, 또는 첫 미팅 전후의 엘리베이터에서 이와 같은 대화를 하는 편이다. (물론 상황이 조금씩 다를 수도 있다.)

일본은, 한국처럼 무난한 인사 용도 대화도 당연히 존재하면서도, 구체적인 업무 얘기는 조금 더 사이가 발전되고 나서 가능한 경우가 많다. 그리고 업무에 대한 대화를 하면서 점점 상대방에 대해 알아가고, 대화가 넓어지기도 한다. 초반부터 사적인 영역에 대한 질문은 금기사항이다.

일본 기업과의 첫 미팅, 회의실로 올라가는 엘리베이터에서 주말에 뭐 하시는지 묻는다면 어떨까? 외국인이니까 그러려니 하겠지만, 속으로는, "일본 사람들끼리라면 이런 질문 안 할 텐데" 또는 "뭐라고 대답해야 할까"라며 진땀을 흘릴 가능성이 크다.

상상하기 쉽도록, 구체적인 예시를 들어보자면, 다음과 같은 경우이다.

어떤 프로젝트를 진행하는 것에 대하여 제안하고, 제안에 대하여 어느 정도 긍정적인 회신을 받아, 미팅을 진행 중이라고 생각해 보자. 실무진의 입장에서는, 이 프로젝트가 다음 프로젝트로도 장기적으로 이어질 수 있을지 당연히 무척 궁금할 것이다.

한국 기업의 한국 사람들끼리라면, 다음 프로젝트에 대해 궁금하기도 한 여러 마음을 담아, 사적인 이야기도 섞어서, 여러 대화를 확장시켜 나갈 것이다.
"주말엔 어떤 운동 하세요?"

"자녀들과 연휴 잘 보내셨나요?"

이런 대화를 하다가, "아 참, 다음 프로젝트 관해서도 혹시 같이 진행하는 것의 여지가 있을까요?" 등의 대화가 나오기도 한다. 고객사는 "아이고 참 다음 미팅에서 다시 자세히 이야기하시죠." 등, 대답 여부를 떠나 이렇게 사적인 영역과 업무적인 영역을 오가는 대화가 불편하지 않은 편이다.

사람에 따라서는 불편할 수 있지만, 평균적이고 일반적인 경우에는 그렇다. 특히나 해당 업무의 실무자이거나 의사결정권을 갖고 있다면, 더욱 이러한 대화는 불편하지 않고 일상적이기도 하다.

일본 기업의 일본 사람들끼리라면, 다음 프로젝트가 궁금한 것은, 사적인 영역과는 아예 별개이다.

하지만 업무에 대한 질문을 계속 하고, 업무 및 실무에 대한 의견을 주고 받으며, 상대방에 대한 파악이 되어 간다. 술자리는 있을지언정, 사적인 영역은 상대방이 먼저 오픈하지 않는 한 터치하지 않는다. 그리고 여러 번의 미팅을 거쳐, 업무 이야기를 계속 축적해 감으로써 상대방과 친분과 신뢰가 생기고, 그 이후에나 보다 자세한 다음 거래 및 다음 프로젝트 이야기로 발전시킬 수 있다.

필자와 친분이 있는 어느 기업 담당자 분이, 일본의 업계 내 유명 기업과 연락이 닿아, 반가운 마음에 업무 질문을 마구 늘어 놨지만, 답변을 거의 받지 못했다는 이야기를 전해 들은 적이 있다.

그동안 궁금했던 업계 내 현황이나 각종 질문을 연락했다고 하기에, 나는 물었다.

"그간 연락이 자주 오고 가셨던 분이신가요?"

지인은 대답했다.

"아뇨, 처음이었어요. 하지만 친해지고 싶은 마음도 컸고, 궁금한 것이 정말 많아서 많이 물어봤거든요."

나는 이렇게 말했다.

"그분이 대답을 자세히 하지 못하고 미안하다고 한 이유는, 두 가지가 있을 거예요.

첫번째는, 예측하신 것처럼, 문화 차이가 있다 보니, 업무에 대해서 이야기하기에도 아직 친분이 충분히 축적되지 않아서였을 겁니다.

두번째는, 첫 대화에서 이야기하는 많은 것이, 서로 혹은 제3자에게 비춰지는 기업의 이미지를 좌우하거나, 다음 질문에 대한 편견을 줄 수 있기 때문에 무척 조심스러우셨을 거예요."

지인은 공감하고 납득했다.
그 후, 해당 기업과 후속 업무 미팅에 대해 의논하는 약속을 잡고, 둘은 카페를 나섰다.

4-6. 도입

영업을 해서 고객사 또는 거래처와 만나게 되었다고 치자.

구체적인 대화가 오가기 전에 자료가 먼저 오갈 수도 있고, 메일이나 전화가 오가는 경우도 있을 것이다.

또는 소개를 통하여 만나게 되어, 한국이든 일본이든, 중간에서 누군가가 해당 당사자들 소개를 전달하기 위한 간단한 소개문을 요청 받을 수도 있다. 바로 미팅부터 잡힐 수도 있다.

이번 장에서는, 이러한 대화 과정에서, 그리고 서비스를 도입하거나 양사의 제안을 받아들이는 과정에서 등장하는 차이에 대해 서술하고자 한다.

(1) 간결 vs 정중

한국은, 간결함이 생명이다.
일본은, 정중함이 생명이다.

일본은, 모든 상황에서 상대방의 말과 행동이 얼마나 정중하고 예의 바른지 꼼꼼히 살펴본다. 작은 행동이라도 기대나 기준보다 어긋나는 부분이 있으면, 업무에 문제가 있을 수 있다고 판단하여, 태도가 차가워지거나, 태도는 그대로여도 거래 자체가 끊기는 혹은 페이드아웃 되는 상황도 충분히 발생할 수 있다. 친하지 않다면, 잘못을 고쳐주고 조언해 줄 정도의 사이는 아닐 것이다. 얼굴은 웃되, 행동에 실망하여 다음 연락이 느려질 수 있다.

예의가 어찌나 중요한지, 오죽하면, 일본에서는 인사나 인사말, 명함 주고받는 방법이나 회의 시 상석의 순서, 여러 각 상황에서 어떤 단어를 언급하고 어떤 메일을 보내야 하는지조차 각종 관련 서적들이 서점 내에 즐비해 있을 정도이다.

한국은, 최대한 간결하게 요건 중심으로 말하는 것을 선호하는 편이다.

상대방의 시간을 뺏지 않으려고 생각해서, 상대방에게 좋은 인상을 남기고자, 그래서 취하는 행동들임에도 이렇게나 한국과 일본 간 양상이 다르다.

즉, 한국 기업에서 일본 기업으로 영업이나 미팅을 가게 된다면, 또는 어떤 소통을 시작하게 된다면, 최대한 정중하고 자세하게, 공손하게 커뮤니케이션 하는 것이 필요하다. 한국 기준에서는 어쩌면 약간 구구절절하게 느껴질 정도로 자세하고 공손하게 설명하는 것이, 일본 기업에서 느끼기에는 베스트이고, 시간을 오버하지 않는 선 내에서라면 설명이 자세한 것에 대하여, 일본 기업에서는 크게 부정적으로 느끼지 않는다.

반대로, 일본 기업에서 한국 기업으로 영업 및 미팅을 하거나, 일본 기업과 한국 기업 간 미팅, 대화 등을 진행하게 된다면, 이와 같은 커뮤니케이션 방법 차이가 있어서 혹시 오해할 수 있음을 미리 일본에 언급해 두는 것도, 한국 기업 입장에서 일본 기업들에게 무척 좋은 인상을 남길 수 있다.

한국은 워낙 "용건만 간단히"라는 주의이기도 하고, 결론을 중요시하는 편이다.

일본은, 위처럼 정중함, 공손, 예의 바름, 배려와 설명 등이 미덕이고, 앞서 밝혔듯이, 과정이 중요한 쪽이다.

그래서, 한국 기업과 일본 기업을 통역하며 진행하는 미팅의 경우, 한국 기업에서는 이미 미팅 초반부터 결론을 언급하기도 한다.
일본 기업은, 결론은 가장 마지막으로 남겨두고, 주변 사항이나 관련 항목부터 최대한 돌고 돌아서, 마지막에 가장 중요한 이야기를 한다.

그렇다 보니, 한국 기업과 일본 기업의 미팅에서, 한국의 너무나도 당돌하고 중간 과정 없는 결론에, 일본은 질문할 내용도 채 생각하기 전에 결론부터 듣게 되어, "앗…" "음…" 하는 침묵이 오가거나, 아예 결론을 대화할 수 없는 전혀 다른 주제로 흘러, 대화가 산으로 간 적이 있다.

반대로, 미팅을 하면서, 한국 기업 측은 과연 일본 기업과의 미팅에서 본 제안에 긍정하는 것인지 부정적인 것인지 1시간 가까이를 전전긍긍하며 미팅에

임했고, 일본 기업은 중요하지 않은 항목에 대한 언급까지 전부 거친 다음에야, 최종적으로 가장 중요한 제안 수용 여부에 대해 언급하는 과정이 되어, 그 이야기를 한 시간 동안 내내 기다린 한국 기업의 실무자들과, 그런 분위기가 느껴지지만 문화적 차이 및 습관상 어쩔 수 없었던 일본 기업의 실무자들 사이에, 어색함과 불편함이 계속 흘렀던 미팅도 있었다.

일본 기업이 한국 기업에게 미팅에서 바라는 것은 "결론" 그 자체보다, 해당 결론에 이르게 된 "배경"이다. 배경 및 설명 여하에 따라 결론을 더 한국에 유리하게 이끌어 갈 수 있는 가능성이 있을 정도이다.

(2) 목적 vs 수단

이러한 특징들을 새롭게 바꿔서 표현하자면, 한국은 목적 지향적, 일본은 수단 지향적이라고도 표현할 수 있겠다.

한국 기업 및 한국 사람이 수단을 경시하거나, 일본 기업 및 일본 사람이 목적을 중요시 하지 않는다는 것은 아니다. 그저 어디까지나, 어느 정도 무언가가 정해져 있고, 그 외의 여정이나 수단, 과정, 진행 방식, 그리고 그들로부터 결론을 도출해 내기까지의

재팬비즈 제로투원

과정에서의 차이라고 볼 수 있다.

한국은 결론이 시작이다.
일본은 결론을 완성하는 것이 목표이다.

그래서 한국은 결론을 내린 내용에 대해서 어떻게든 달성하고자, 수단을 계속 바꿔 가면서 라도 목적을 이루는 방향으로 업무를 추진하는 경우가 많다. 그리고, 대부분의 협업 프로젝트는 중장기보다는 단기적 성과를 내는 것에 집중하기 마련이다.

앞부분에서 거론한 것처럼, 일본은 장기적인 목표 및 방향 대비, 단기적인 내용의 흐름은 다소 바뀔 수 있다고 생각한다. 즉, 일본은 협업 등 타사와의 진행에 있어서, 내용 자체는 다소 변경될 수 있음을 염두하고, 그 안에서 얼마나 단계별로 잘 마련된 수단과 단계를 정중하게 밟아 가며 앞으로 나아가는지가, 큰 평가요소이자 협업 지속의 포인트가 된다.

이렇게 생각해 볼 수도 있다.

한국 기업은, 결론만 잘 도출하면 나머지는 어떻게든 해서 목적을 이룰 것이기 때문에, 결과 이외의 것들은 부수적으로 딸려 오는 것이다. 실제로도 그렇게 업무를 추진한다.

　일본 기업은, 모든 과정이 잘 그리고 정중하게 상호 논의 완료 되어야만, 그제서야 상호가 납득할 최종적인 결론이 완성된다. 결과는 모든 내용의 뒤에, 최종적으로 딸려 오는 산출물이자 성과이다.

　어쩌면, 이 특징은, 여러 번 언급한 것처럼, 일본이라는 국가가 워낙 자연재해가 많고 재난이 많아서 그럴 수 있다. 자연재해가 발생한 경우, 언제든 물리적 상황들이 바뀔 수 있는 것도 고려해서 더 유연하게 상황은 바꿀 수 있도록 하되, 최종적인 상황까지 완벽히 조율하고 서로 납득하여 온갖 상상 가능한 리스크까지 전부 대비한 다음에야, 그 마지막 결과물을 결론으로 인정할 수 있는 것이다.

　그렇게 해서 지금의 단기적 내용들이 중장기적 내용에도 필요한 효과와 과정을 지니게 하는 것이 최선이라고 생각하는 것이다.

(3) 확정 vs 정정

한국은 워낙 결론이 중요하다 보니, 이미 대외적으로 발표한 목표나 결정 사항, 결론 등이 있을 경우에, 그것을 정정, 수정하는 것이 조심스러운 편이다. 극단적으로는, 그러한 정정 여부 자체에 자칫 자존심 상해하는 경우도 있다. 공개보다 정정이 어려울 때도 있다.

일본에서는, 어차피 최종 도출되는 결론이 완성되기까지는, 모든 것은 과정의 일부일 뿐이다. 사과와 정정도, 늘 딸려오는 과정이다. 다만, 정정을 할 때에 얼마나 정중하고 공손하게 잘 대화하고 설명하느냐에 따라, 그 정정 사항에 대해 모두가 납득하고 허용하는 것. 그런 점이 차이이다.

또한, 일본의 기업이나 일본 사람들 경우, 해당 내용에 대한 사과와 정정을 명확히 하면서, 그 정중함과 공손함으로 예의 바른 이미지를 기반으로, 기업들 및 고객사나 거래처와 신뢰를 쌓아가는 것. 그 행위가 기본이 된다.

중간에 일정이나 진행 사항이 바뀐다고 해도, 이유가 명확하다면 그것을 크게 질책하지는 않는 편이다. 물론, 프로젝트 도중에 금액이 바뀌거나 금액 변경을 언급한다면, 그건 전혀 다른 범주이므로, 되도록 변경 사항이 발생하지 않는 것이 무난하겠지만, 정말 꼭 필요한 이유가 있다면, 그 또한 불가능하지 않다. 납득가능한 범위이다.

즉, 일본은 이유만 확실하면, 그간의 대화나 프로젝트 상황을 정정하는 것은 꽤 합리적으로 수용해 준다.

한국은 초기 시작에 언급하는 결론의 내용이 중요해서, 한국 기업들 간에 서로 내뱉은 말이 있을 시, 초반에 말한 그 내용이 서로 또는 한 쪽에서 그대로 지켜지지 않으면, 진행 사항에 문제가 있는 것은 아닌지, 의구심을 갖는 경우도 있는 듯하다.

일본은, 오히려 변경이 있거나 돌발 상황이 발생하는 것은 당연하다고 여기기 때문에, 그 각 경우에 대한 컨틴전시 플랜(Contingency plan) 자체를 어디까지 준비, 계획하고 검수, 기록하여 보관하고 관리하고 있는지에 대한 역량이 더 요구된다.

(4) 이번 vs 다음

한국은 결론이 확실하니, 이번 내용에 대한 결론이 확실하고, 다음 일은 아직 모른다.

일본은, 결론은 앞으로 같이 도출할 것이므로, 이번 내용에 대한 부분은 불명확해도, 이번 일을 통하여 다음 일을 잘해 낼 각오, 준비가 되어 있는 쪽이다.

프로젝트 자체에 대해서도, 시뮬레이션이나 데모 영상, 체험 및 시연 등의 과정에서 다음과 같은 차이가 발생한다.

한국 기업 입장에서는, 해당 시뮬레이션 등을 경험한 뒤, 그러니 이번 프로젝트에서 해당 시뮬레이션을 빠르게 실제로 도입하자는 대화가 더 자연스럽다. 반면, 일본 기업의 경우라면, 지금 시연하는 시뮬레이션들을 보면서, 이번에는 이렇게 하는데 다음 프로젝트에서 그걸 더 디벨롭한 안정적인 버전으로 도입할 예정이라는 이야기로 다음 프로젝트 대화가 이뤄지는 것이 체감상 더 자연스럽다.

한국 기업은, 다음 프로젝트가 있을지 모른다. 중간 과정이나 수단이 워낙 유동적이고 변동이 많기 때문이다. 이번 프로젝트가 잘되는 것이 눈앞의 가장 중요한 포인트이고 마일스톤이다. 이번 프로젝트가 잘되면, 기존 고객사보다 더 높은 인지도, 시장 점유율의 기업에게서 제안이 올 경우, 법적 위약 사항만 아니라면 기존 고객사보다 신규 고객사를 선택하는 경우조차 있다.

일본 기업 입장에서는, 이번 프로젝트가 잘될지 모른다. 왜냐하면, 리스크까지 완벽히 해결되어야 완벽한 것인데, 아직 그 정도로 모든 대화가 끝난 단계가 아닐 것이기 때문이다. 이번 프로젝트를 잘 다져가면서, 다음 프로젝트를 위한 재료이자 거름으로 만들어 가는 것 또한 실무자들의 중요한 성과 지표가 된다. 그리고 한 번 쌓은 신뢰를 바탕으로, 큰 문제가 발생하지 않는 이상, 기존의 고객관계를 최대한 유지, 확장하고자 노력하는 부분이 있고, 그 행위 자체가 신규 고객사들에도 플러스 요소로 작용한다.

4-7. 대화

앞의 과정들을 고생, 또 고생하여 다음 대화까지 안착시켰을 것이 눈에 훤하다.

이제는 세부적인 대화가 중요해지는 시점이다.

(1) 직접 vs 간접

한국은, 직설적이고, 직접적이며, 직관적이다.
일본은, 우회적이고, 간접적이며, 상대적이다.

한국에서는, 어쨌든 서로의 커뮤니케이션에서 최대한 직접 어떠한 표현을 하는 것이 미덕으로 여겨진다. 때로 "선의의 거짓말" 등의 표현도 있기는 하지만, 갈등을 직접적으로 풀어가는 것도 (용기는 필요해도) 사회적으로는 위화감이나 거부감이 없다.

일본에서는, 최대한 간접적으로 표현하고, 간접적으로 수용하며, 간접적인 포지션을 취한다. 왜냐하면, 그들에게는 그것이 정중하고 예의 바른 행동이기 때문이다.

일본에서도, 갈등은 당사자 간에 직접 풀자는 생각은 비슷하다. 그건 어느 나라에서나 비슷한 것일 수 있겠다.

하지만, 대화의 주체나 표현, 결론의 도출, 특히 금전적이거나 숫자에 대해 언급하는 부분들도 포함해서, 최대한 간접적으로 많은 것을 내포하여 대화할수록, 더 안정적인 대화 방법이라고 여긴다. 행간의 의미를 소중히 여기기도 한다.

다음 예시도 혹시 극단적으로 들릴 수 있는데, 표현이 대신하는 그라디에이션의 기준이 조금씩 다르다는 것을 설명하고자 한다.

예를 들어, 한국에서의 업무적 대화에서는, 아래와 같은 표현과 그 의미가 일반적인 편이다.

"이 아웃풋이 어떤가요?"

재팬비즈 제로투원

대답이 "좋다"의 경우,
뜻 : 말 그대로 좋다는 의미

대답이 "나쁘지 않다"의 경우,
뜻 : 단어 그대로, 매우 좋지는 않고 다소 좋다, 약간 좋다, 그냥
　　괜찮은 정도 등의 다양한 범위를 포함

대답이 "글쎄요", "별로예요" 등의 경우,
뜻 : 표현 그대로, 좋지 않다, 또는 나쁘다

즉, 한국에서는 대부분 말하는 그 단어, 그 내용이 그대로 해당
뜻이나 상황, 상태를 의미한다.

일본에서는 다음과 같은 해석을 자아낼 수 있다.

"이 아웃풋이 어떤가요?"

대답이 "좋다"의 경우,
뜻 : 무척 좋다는 의미도 있고, 형식적으로 좋다는 의미일 가능

성도 있음

대답이 "나쁘지 않다"의 경우,
뜻 : 매우 좋다, 좋다, 다소 좋다, 괜찮다 등의, 긍정적인 범위를
포괄적으로 크게 포함하는 의미를 가짐

대답이 "글쎄요"의 경우,
뜻 : 좋지 않다, 또는 나쁘다는 뜻도 있고, 아직 정말 잘 모르겠
어서, 생각해 보겠다는 의미를 가지는 경우도 있음

대답이 "별로예요" 등의 경우,
뜻 : 정말 매우 나쁘다, 좋지 않다는 뜻

즉, 오히려 부정적인 건 확실하지만, 좋은 경우에는 아직 여지
가 크기 때문에, 요건이나 요구 사항, 대화 내 요점 등을 명확히
좁혀 나갈 필요가 있다.

한국에서는, 많은 대화가 대체로 직설적이기 때문에 오히려 기
업끼리 서로가 언급하거나 언급되는 상황도 많이 조심해야 할 수

도 있다. 업무적인 영역에서 특히 그렇다.

일본에서도, 긴급 상황이나 시스템적으로 Yes or No가 명확해야 진행이 되는 내용들이라면 당연히 직접적으로 대화하지만, 프로젝트나 상황에 대한 호불호 등, 옳고 그름이나 유무가 불확실할 수 있는 요소, 또는 소개나 연결 등 사람의 개인 역량 차이나 타 요소에 의해 변동이 발생할 수 있는 항목들에 대해서는, 간접적인 의사 표현을 내포하는 경우들도 많다.

그 점들을 고려하여, 최대한 섬세하게, 세부적으로, 정중하게 대응하며 대화할수록, 더 나은 결과로 상황을 리드해 갈 수 있다.

(2) 명령 vs 정책

불가피한 상황도 일어난다.

실무자는 분명 긍정적이거나 알겠다고 했는데, 어느 순간 일부 내용에 대해 컨펌이나 승인, 계약이 명확하게 진행 혹은 완료되지 않는 상황들 말이다.

불가항력적일 수도 있고, 타사와의 경쟁이나 입찰, 피치못할 대응이나 이슈 발생 등, 원인은 다양할 수 있는데, 상대방에게 거절이나 부정적인 상황, 또는 결렬 연락을 한마디로 대답하기 곤란한 경우가 참 많다.

그럴 때에, 한국 기업과 일본 기업의 대답은 서로 다르다.

한국 기업은 주로 "상부의 명령"이라고 표현하거나 이를 핑계로 쓰는 패턴이 많다.

일본 기업에서는, "정책상 그러하다"라는 표현이 되는 경우가 잦다.

핑계라기보다, 실제로 한국 기업은 상부의 명령으로 돌아가고, 일본 기업은 정책으로 정해둔 내용들로 상황이 움직인다.

물론, 한국도 일본도, 그게 옳은 상황이 아니라는 것을 알기 때문에, 이런 이야기를 할 때에는 주로, (1) 목소리를 일시적으로 낮추거나, (2) 손가락을 입 앞에 갖다 대어, 마치 비밀인 것처럼 표현하거나, 등의 자각은 서로 있다.

그럼에도, 한국 기업들끼리 커뮤니케이션 하다가 뭔가가 잘 안

될 때에, 상대방 기업에서 "상부의 명령이에요"라고 대답하면, 이후 거래를 지속할지 유무는 둘째치고, 그 결과나 상황에 대해 되도록 이해하고자 노력하는 편이다. 대부분의 조직 문화가 유사하기 때문에, 서로 공감도 한다. 일본 기업들끼리의 커뮤니케이션에서는, 상대방 기업에게 "그게 해당 서비스의 현재의 정책입니다"라고 말하는 경우, 실제로 정책이 그러한 (답답한) 상황일 것인데, 기업 내 정책 전체나 사업 계획서, 제안서 등을 마구 변경하기엔 어려움도 리스크도 있기 때문에, "정책"이라는 단어에 비교적 수긍하는 편이다.

높은 확률로, 반대의 상황은 잘 통하지 않는다. 구체적으로는, 한국에서 정부 및 금융 기관이 아니고서야, 정책이 그러하다고 얘기하면, 상부에 말씀 넣어달라고 부탁을 받을 것이고, 일본에서 정책이 아닌 상부의 지시, 명령을 핑계로 대화한다면, 정책상 맞는 방향으로 알아봐달라는 대답을 들을 것이다.

(3) 확정 vs 확인

직접적인 대화를 하면서도, 상부의 명령에 따라야 하는 (그 상황이 꼭 모두 옳다는 의미는 아니다.) 한국 기업 입장에서는, 결국 확정 여부가 중요하다.

위에서는 확정을 했는지, 상대 기업은 확정을 했는지, 계약은 확정이 됐는지.

그래서 확정을 최종 득하기까지의 과정이 폭풍 같고, 그 이후는 추진 속도가 실제로 덜하게 느껴지는 경우도 있다.

일본 기업 입장에서는, 확정은 가장 최종의 목표이고 상황이다. 모두가 이 상황이나 제안, 내용에 대해 현재 확인 중인지, 확인했는지, 확인의 여부가 중요하다.

확정은 언제든 아직 바뀔 수 있기 때문이다.

그래서 과정 및 현재 상태가 중요하고, 현재 상태는 어떠한지, 앞으로 어떠한 과정이 남아 있을지, 프로세스는 무엇을 확실히 제출하고 전달해야 할지에 대해서 확인을 여러 번 하는 대목들이 발생하는 편이다.

한국 기업의 담당자들은, 위에서 확정한 내용으로 상대방 기업들과 대화한 뒤, 그걸 확정 완료했다는 내용을 위에 보고해야 하기 때문에, 확정 여부를 계속 체크하는 편이다.

하지만 일본 사람들 입장에서는, 우선 각 순서대로, 프로세스대로, 확인을 해야만 최종 기한까지 확정을 판단할 수 있다.

이 글을 읽고 해야 할 어프로치가 한국 기업 → 일본 기업 방향이라면, 확정 여부보다는 확인했는지 혹은 확인이 진행중인지의 현황(status) 및 상황 여부를 물어보자. 일본 기업에서 훨씬 협조적으로 움직여 줄 것이다.

반대로, 일본 기업 → 한국 기업 방향으로 업무를 진행해야 한다면, 모든 것을 확정하지는 못하더라도, 확정 가능한 것을 언급하거나, 확정 가능한 타이밍, 타임 라인 등을 한국 기업에 언급해 주면, 어느 정도 안심할 것이다.

물론 한 상황에 한 개의 요소만 있어야 하는 것은 아니고, 균형과 조율이 중요하다.

(4) 충돌 vs 조율

직설적이고 직접적인 한국 기업에서는, 기업 문화로 선한 충돌을 언급하는 케이스도 자주 접한다. 좋은 의미로 함께 의견을 계속 서로 내고 대화하며, 더 빠르고 강하게 추진하자는 뜻과 취지가 강하다.

일본 기업에서 어떤 일정 부분을 확정해 주지 않는다면, 한국 기업은, "직접적으로라도" "충돌해서라도" 좋은 결과와 대화를 도출해 내자고 생각할 수 있다.

하지만, 한국과 일본의 한자가 모두 같은 온도의 같은 의미를 일컫는 것은 아니기 때문에, 단어적 타협은 필요하다.

일본 측 상대방과 논의를 더 쌓고 수정해야 할 때에 필요한 단어는, "조율"이다. 우리나라에서는 일정 조율 또는 의견 조율 정도로 쓰이는 경우가 많지만, 일본에서는, 서로 이해관계가 다른 상황에서 가장 필요로 되는 요건은 얼마나 적극적이고 공손하게 조율을 힘써 주는가에 달려 있다. 그리고 서로 다른 조직, 기업,

단체 사이에서 얼마나 서로의 니즈와 협상 항목을 잘 조율하고 배려하여 양사에게 메리트와 베네핏이 있는 다음 액션으로 조정해 가는지가 관건이다.

일본 기업과 의견을 좁혀야 할 일이나, 논의해야 할 사항이 있다면, 빠르게 충돌해서 결정하자는 자세보다는, 조금 시간이 걸리더라도 차근차근 조율해 가자고 어프로치를 바꿔 보자. 무엇을 어떻게 조율할지 내가 인지하고 있거나 상대방에게 인지시킬 수 있다면, 이후의 업무 진행이 훨씬 원활할 것이다.

☕ **Small talk**

구글 번역기 및 ChatGPT의 현시점의 단점 중 하나는, 한자들 사이사이의 미묘한 뉘앙스까지 잡아내기엔, 너무나 많은 경우의 수가 존재한다는 것이다.

상황에 따라 다르기 때문에 일괄적으로 묶어 표현하기에는 어려움이 있다.
다음과 같은 단어들도, 한국과 일본에서 쓰이는 뉘앙스가 꽤 다른 편이다.

《의논》

- 한국 : 가벼운 질의나 고민 상담부터, 여러 업무적 논의 주제에 대하여 포괄적으로 의미함

- 일본 : 서로 다른 의견을 최대한 취합하기 위한 열띤 토론에 가까움. 그렇다고 해서 정말 토론이라는 대화를 열성적으로 하기보다는, 상호간에 입장이나 의견이 다른 것을 좁히고자 하는 점에서, 무겁거나 엄중한 느낌도 동반되는 경우가 많음

《질의》

- 한국 : 한국에서도 발표 뒤, 논의 뒤 등의 부분에 질의 또는 질의응답이라는 세션이 있긴 하지만, Q&A라는 단어를 많이 쓰는 편

- 일본 : 논의, 발표, 설명 뒤의 질문이 오가는 부분은 기본적으로 "질의응답"이라는 타이틀 및 내용으로 진행되는 편

《협력》

- 한국 : 함께 컬래버레이션을 하는 등의 다양한 진행을 하는 것이나, 가벼운 지원이나 도움 등, 서로 주체가 되는 내용에 대해 자주 쓰는 쪽

- 일본 : 협력이라는 것은, 상대방이 주체가 되어 하는 행위에, 나는 꼭 매번 동일한 주체는 아닐 수도 있는 입장으로서, 도움을

주는 것에 가까움. 만약 함께 서로가 서로를 돕고 함께 주체가 되어 어떤 시너지를 낸다면, 협력보다는 협업이라는 단어가 적합할 수 있음

☕ Small talk

한국은, 자음 19개, 모음 21(단모음 10개, 이중모음 11개) 구성으로, 자음 + 모음, 자음 + 모음 + 자음, 자음 + 모음 + 자음 + 자음 등, 다양한 조합으로 음과 단어를 구성할 수 있는 편이다.

일본은 이미 "자음 + 모음"으로 구성되어 있는 철자 48개로 발음 및 표기를 하는 등, 글자의 철자 및 발음 수는 적고, 오히려 같은 글자에 대하여 히라가나, 카타카나, 로마자 등으로 표현하는 등 철자의 표현 도구가 많은 특징과, 한 한자의 읽는 방법이 기본적으로(체감상) 최소 3~5개씩 있는 점 등이 언어적 특징이다.

그래서 일본은 특히 동음이의어가 많다. 발음 개수가 제한되니 당연한 현상이다.

그렇기 때문에 더더욱 맥락을 중요시 여긴다. 글로 쓰는 것 이외에, 말로 하는 과정에서 나오는 각종 동음이의어들은 매우 여러

의미로 읽힐 가능성이 있기 때문이다.

또한, 그 영향으로, 일본 특유의 줄임말이나 구어체는, 해외에서 번역이 잘 안되는 경우가 있다.

매우 많지만, 인터넷 영상에서 목격한 것들 중 기억이 바로 나는 단어는, 이런 경우가 있다.

"しゃーねえよ (발음 : 샤-네-요)"
이것에서 불필요한 어미를 빼고 장음을 정돈한 "しゃあない(샤아나이)"는, 여러 단어의 가능성이 있는데, (1) 知らない(しらない, 시라나이 : 모른다는 뜻)를 빠르게 말할 때의 발음이기도 하고, (2) 仕方ない(しかたない, 시카타나이 : 방법이 없다는 뜻)를 빠르게 말할 때의 발음이기도 하다.
그래서 원래의 맥락은 "(상황이 그렇다니) 어쩔 수 없군"인데, 영상에서는 "(저는) 모릅니다"라고 번역된 경우가 있었다.

그 외에도 잘못 들은 것처럼 읽히는 경우들이 꽤 있다.

혹시 AI 서비스를 썼더라도, AI 서비스 자체가 사람에 의하여 학습된 내용들을 바탕으로 하고 있거니와, 모호하게 들리는 발음은 결국 사람의 손과 귀를 탈 수밖에 없기 때문에, AI의 학습 결과에는 계속해서 해당 오역이 누적되기 쉽다.

또한, 이렇듯, 아무리 맥락이 중요해도, 순간적으로 보거나 접하는 사람들에게 이렇게 다양하게 읽힐 수 있는 점에서, 일본 TV 방송의 자막들은, 대화를 최대한 그대로 옮기는 것에 집중한다.

한국은, 상황을 보완해 주는 수식어, 촬영자 또는 관람객의 입장에서 영상에 공감하기 용이한 설명이 자막으로 많이 들어가는 편이다. 그래서 한국 방송 및 자막을 OTT로 접한 일본 사람들은, 한국은 "곤란" "당황" 등의 감정을 자막으로 넣는 것에 신기해하는 것이 일본 뉴스에서 인터뷰 된 적이 있다.

일본은, 언제 그 채널로 틀어도 상황을 인지하기 쉽도록, 최대한 출연자가 말한 단어 그 자체를 정확한 한자와 함께 자막으로 전달하는 편이다.

상황이 이렇다 보니, 수많은 동음이의어 대상 중에는, 사람의 이름도 있다.

한국은 약 300개의 성이 있다고 하는데(귀화인 제외, 2000년 당시 기준), 일본은 13만~30만 개 가까이의 성씨가 있다고 알려져 있다.

한국은 근대 시대로 바뀌면서 성씨가 변화하거나 사고 파는 상황이 있었고, 왕족이나 귀족이 귀향 후 숨어 살기 위해 성씨를 바꾸는 등의 많은 역사적 상황이 있었다.
일본은, 결혼하면 대부분은 여자가 남자 성을 따르고, 남자가 여자 쪽 집으로 장가를 오는 경우에는, 간혹 남편이 아내 성을 따르는 경우도 있다.

원래 일본의 경우는 우리나라처럼 주민등록증 제도가 엄밀하게 잘 관리되어 있지 않았어서, 비교적 최근까지도 사망 신고 및 출생 신고 등의 정보가 명확하지 않았고, 그게 오랜 과제였던 일본에서는, 최근 약 5년 정도의 기간을 거쳐 "마이 넘버 카드"라는 등록 제도로 주민 등록번호처럼 고유의 정보를 관리하게 되었다.
그 정도로 그간 주민등록 및 신고가 명확하지 않았던 것이다.
지난 긴 시간 동안, 지역, 교육 정도, 개인의 상황에 따라 성씨가 바뀌거나 바꾸는 경우도 빈번하게 일어났다. 인구도 많고, 원래의 성씨 개수가 많으니, 더욱 모수가 커질 수밖에 없다.

그렇게 많은 성씨 중, 흔하지 않은 성이나 이름, 또는 동음이의어가 대량 존재하는 성이나 이름의 한자를 절대로 틀리지 않는 것은 무척 어려운 일이기도 하고, 이름의 발음도 한자도 틀리는 것은 (이토록 정중함과 공손함을 중요하게 생각하는 나라에서) 무척 실례가 된다.

영어 이름이 Watanabe 상인 경우, 한자는 여러 개 있다. 渡辺, 渡邉, 渡邊…
하나의 한자의 발음이 여러 개인 경우도 있다. 河 등의 단어도 그러한데, Kawano 상이라면, 川野, 河野… 등의 다양한 한자가 가능하지만, 河野 상은 발음이 카와노 상인 경우도, 코우노 상인 경우도 있다.

명함을 받았을 때에, 거기에 영문이나 히라가나 등으로 발음이 쓰여 있지 않다면, 한자의 쉽고 어려움을 떠나서, "제가 뭐라고 부르면 될까요?"라고 한마디만 보탠다면, 더하여 명함에 메모까지 해둔다면, 굉장히 훌륭한 비즈니스 커뮤니케이션이 될 것이다.
상대방의 이름, 상대방의 문화를 알기 위한 노력, 동음이의어를 틀리지 않기 위한 노력, 이후의 커뮤니케이션을 정중하게 하고자 하는 노력까지, 공들인 많은 정성이 신뢰로 쌓일 것이기 때문이다.

4-8. 제휴

영업도 하고, 여러 대화나 커뮤니케이션을 통하여, 자료도 오가고, 이런저런 논의가 오가다 보면, 제휴 그 자체에 대한 내용으로 이어진다.

제휴, 파트너십일 수도 있고, 협업 및 협력 관계일 수도 있다. 명확한 계약서가 오가기 직전일 수도 있고, 이제 막 계약이 논의되는 시기일 수도 있다.

특히, 일본은 앞서 서술한 것처럼 최종적인 여부가 결정되어야 완벽히 진행되는 것이기 때문에, 계약을 해야 성립되는 관계 및 비즈니스에 있어서는, 계약하기 전까지는 마음을 놓지 않는 편이 좋다. 상황이 꼭 틀어진다라는 의미보다는, 긴장을 늦추지 않아야만 최종적으로 모든 협의가 안전하게 이루어질 수 있다는 의미이다.

꼭 배신, 말 바꿈, 기만 이런 극단적인 단어보다는, 화장실 들어가기 전 마음과 나올 때 마음이 다르다는 것처럼, 나와 우리 기업의 태도로 인하여 고객사 또는 주변인들 사람 심리가 시시각각 바뀔 수 있고, 전후관계 및 상황을 가장 명확히 해 주는 것은, 양사의 도장이나 서명이 들어간 계약서가 그 입증 근거이므로 그 최종적인 단계까지가 첫번째 허들임을 명심하라고 말하고 싶다. 물론, 계약 성사는 앞으로 진행할 업무의 첫 단추일 뿐이다.

(1) 인증 vs 검증

한국에서는, 인증 받은 것인지에 대한 관심이 많다.

투자를 받았다거나, 어느 큰 대회에서 상을 받았다거나, 어떤 자격이나 성과를 누구에게 인정받았다거나 하는 등의, "인증"된 것임을 좋아하고, 선호하고, 어필하고자 하는 편이다.

일본에서는, 어떤 행동이나 결과, 서비스 및 상품, 또는 각 테스트나 내용들이, 검증 완료된 것인지가 포인트이다.

사전적으로 풀어보자면, 인증은 "참이라는 근거가 있는 무언가를 확인하거나 확증하는 행위"라고 한다. 검증은, "검사하여 증명하는 것, 또는 어떤 가설에서 이끌어 낸 결론을 관찰이나 실험을 통해 그 진위를 확인하는 것"이라고 한다.

이 또한 일괄적으로 모두가 동일하다고 볼 수는 없지만, 기업 소개서나 소개 자료 등에서도 이 차이는 확연히 드러난다. 한국의 기업 소개서 내 맨 뒤 참고자료를 보면, 어디에서 상을 받았거나, 우승을 했거나 몇 위를 했거나, 인증을 받았거나, 인정받았다 등의 내용이 많다. 이건 그 기업과 해당 기업 대표의 자랑거리이기도 하다. 어떤 기사, 미디어, 매체 등에 실린 내용이 있다면, 그 또한 세상 및 대중으로부터 인정받았다는, 그래서 인증된 것이나 마찬가지라는 생각을 내포하기도 한다.

일본의 기업 소개서 등 서비스 설명에서 살펴보면, 검증 여부를 강조하는 편이다. 이 가설은 검증되었고, 이 테스트는 검증되었다. 그리고 어떤 실험이나 시험을 거쳐 무엇이 통과하였고, 통과한 횟수, 확률 등은 이러이러해서, 이 내용이 시장에서 워킹할 수 있음이 검증되었다고 본다는 류의 내용을 중요하게 생각하고,

그걸 강조하는 편이다. 오히려 미디어, 매체 등에서 언급하는 것은 기업소개서에서 크게 다루지 않는다.

기사 게재 건수도 검색이나 참고는 하지만, 그 숫자 자체가 큰 의미를 가지지는 않고, 이후의 고객 및 소비자 반응, 매체 이후 자사 문의 유입 여부 등을 통해, 해당 기사가 의미가 있었는지(검증의 역할을 제대로 하고 있는지)를 체크하고 다루는 것이 중요하다.

물론, 미디어 언급 여부가 중요한 기업, 산업, 업계 또는 특수 상황이라면 집중적인 참고자료로써 다루겠지만, 미디어에서의 언급 여부나 매체가 인정하는 것에 대한 니즈, 맥락이 중요하지 않을 때에는, 그러한 사실 자체가 검증되지 않은 내용을 단순히 상대방에게 강조하는 행위가 될 수도 있다고 해석할 수 있다.

그래서, 인증된 사람이나 기업인지, 검증된 서비스이거나 솔루션인지, 이것에 대해 한국과 일본이 바라보는 관점의 차이가 있고, 이러한 기준과 계약 내용에서 생각의 차이가 단연 발생할 수 있다.

이와 같은 배경이 있다 보니, 한국에서는 오히려 투자 이력이 없거나 막 창업한, 소규모의 스타트업에서 대기업에게 제안을 하기란, 하늘의 별 따기다. 일단 만나 주지 않는다.

임원급의 사람과 친분이 있다면, (그럴 만한 능력이 되어서 그러는 경우도 당연히 많겠으나, 때로 합리적으로 보이지 않는 내용조차) 금방 연결되고 해결되는 한편, 콜드 연락으로 직접 외부에서 연락하여 제안을 해 보고자 하면, 좀처럼 이야기를 들어주지 않는다. 어쩌다 기분이 바뀌어서인지, 만나 주기도 한다. 하지만, 이후 이야기로 진행되지 않거나, 제안서를 내고 감감무소식이다.

미팅에 출석한 실무진들이나 담당자가 제안을 긍정적으로 받아주었는데도 불구하고, 다음 연락이 없을 때도 있다. 꼭 담당자가 어떠했다기보다는, 담당자는 내부에 보고를 했고, 위 상부에서는 이렇게 물어봤을 것이다.

"그래. 그 기업은 어디 투자 받았는데?"

"실적은 있어? 기업 신용은 괜찮나?"

"자본금은?"

검증된 내용까지 포괄된 인증일 수 있지만, 어쨌든 인증된 레퍼런스를 가져오길 바라는 것이다.

물론, 그만큼 한국 국내에서의 신뢰나 인정, 인증 여부를 판가름하는 것, 누구와 논의를 하는지, 어떤 리스크가 있는지, 모두 브랜드 이미지로써 중요한 요소이기 때문이다.

그리고, 이런 질문들에 대해서, 그럴듯한, 누구나 알 만한, 누구나 들으면 고개를 끄덕일 법한 기업과 연관성이나 연줄이 없는 한, 투자회사가 아닌 일반 회사에 영업으로 판로를 뚫기에는, 좀처럼 설득하기 힘든 것이 현실이다.

대기업의 그러한 태도도 이해는 된다. 상대방 스타트업에 따라서는, 미팅만 했을 뿐인데 "모 대기업과 논의 중"이라고 소문이 퍼지거나 기사로 나기도 하기 때문이다.

그런 점에서, 오히려 일본은 루트만 잘 타고 가서 대화한다면, 충분히 이야기를 들어준다. 검증된 내용이고 근거가 확실하다면, 오히려 협업에 대해서도 생각보다 열려 있는 쪽이다.

물론, 일본 프로세스 및 리드타임상, 전체 진행에 시간이 걸리기도 하고, (잘되고 있나 싶었지만) 결렬될 수도 있다. 다만, 그럼에도 이야기를 안 들어주거나 진작에 희망이 없기보다는, 기회는 주고, 그 기회와 시간 안에서 최대한 많은 과제와 관점을 클리어 한다면, 거래도 틀 수 있다. 스타트업에게는 오히려 희망적인 요소가 존재하는 것이다.

이처럼, 한국과 일본의 기업 간 연결, 제안의 수긍 여부 및 그 배경이 무척 다르기 때문에, 한국의 사업개발과 일본의 사업개발 양쪽이 가능해야, 한국 → 일본, 일본 → 한국의 기업 맥락에 맞춘 협업 제안이 훨씬 수월할 수 있다.

(2) 이자 vs 삼자

은근, 이 부분에서 이 사람이 어느 나라 업무에 익숙한가도 판가름되는 것이, 사람이 사람을, 기업이 기업을, 소개하는 과정이다.

A가 B에게 어떤 기업을 소개해 달라고 요청하거나, 혹은 다른 니즈나 상황에 의하여, B가 중간다리 역할을 하여 C를 소개할 경우이다. A, B, C는 사람일 수도, 기업 그 자체일 수도 있다.

한국은, B가 A에게 C를 소개하면, 큰 확률로 이후 대화에서 B는 더 이상 등장하지 않는다.

A와 C는, 직접 대화한다. 효율을 위한 부분도 있을 것이고, B가 중간에 있으면 시간을 뺏는 것이 미안하거나, 은밀한 기밀 정보를 노출하기 조심스럽거나, 여러 정황은 있을 것이다.

A와 C가 양심적이라면, 의리와 도리를 위하여, 거래가 성사한 뒤에 B에게 별도의, 소정의 사례나 감사 인사, 답례를 할 것이고, B는 A, C의 그러한 행위, 가치와 답례에 보답하고자, 또 다른 사람을 A, C에게 더욱 적극적으로 소개할 것이다.

일본은 다르다.

일본은, 한 번 B가 A에게 C를 소개하면, B가 특수 상황이 생기거나 본인이 원해서 빠지지 않는 이상, 기본적으로 3자가 계속 대화한다.

B가 직접 부탁하거나 양해하지 않은 상태에서, A와 C는 대화에서 B를 갑자기 빼지 않는다. B는 할 얘기가 거의 없어도 cc 즉 참조에 있고, 상황에 대한 공유도 계속된다.

일본 기업이나 실무자 입장에서는, 이게 누구 소개에 의한 것인지 루트와 상황을 확실히 해 두는 것이며, 잘되어도 못 되어도 그 상황을 계속해서 B는 알고 있을 것이며, 오히려 문제가 생기거나 조정 사항이 생겼을 때에 B가 중간에서 조율해 주기도 한다.

쉽게 말하면, 한국은 효율을 위해서, 일본은 검증 즉 누구의 소개인지, 이후의 대처를 어떻게 할지를 확실히 하기 위해서 그렇다고 생각하면 이해가 빠를 것이다.

오히려 한국 입장에서는 일본식 즉 3자가 계속 대화를 같이 하는 것을 비효율적이라고 생각하고, 일본 측 입장에서는 한국식으로 3자의 대화가 2자의 대화로 되는 것이, 검증이 안 되거나 신뢰가 없다고 생각한다.

일본에서는, 기본적으로 같이 대화하는 것이기 때문에, A가 메일에서 갑자기 B를 뺀다면, C는, (1) A와 B 사이에 문제가 있거나, (2) A가 B를 배신했거나, (3) B가 A의 신임을 받지 못하다고 생각할 가능성이 크고, C는 A에게 누구를 소개해도 중개자를 빠뜨린다고 생각하여, A에게 새로운 인물이나 기업을 소개하기를 꺼릴 가능성이 크다. 즉, 순식간에 A와 C 사이의 신뢰에 모호한 포인트가 발생한다.

한국식은, 소개하고 빠지는 것.
일본식은, 소개자가 계속 존재하는 것.

물론 필자도, 한국 기업 간 프로젝트를 하다 보면, 소개를 하고 계속 붙어 있는 경우도 있고, 소개를 하고 빠지는 경우도 있다. 이 둘의 경우도 장단점이 있다. 나는 빠지고자 해도, 기업간에 다소 갑과 을의 관계가 발생한다면, 을 입장에서 갑과의 중간에 중개자가 존재하며 조율해 주는 것을 선호하는 관계도 있고, 갑 입장에서도 을과의 관계를 매끄럽게 해 줄 중간자나 프로젝트 매니저 (혹은 코디네이터) 등이 필요하여 3자 관계를 유지하기 원하기 때문이다.

Episode

필자가 실제로 겪은 한일의 소개 상황도 있었다.

한국 기업의 일본 지사(D)와, 일본 기업(E) 간의 실무자를 연결하게 되었다. 단순 요청이나 단순 연결은 아니었고, 필자가 각 기업과 대화하다 보니, 양쪽이 서로의 도움을 필요로 할 것이 느껴져서 양측에 제안한 것이었다.

D 기업에는 E를 연결하겠노라 말하고, E 기업에도 D를 연결하겠다고 했더니, 둘은 부디 꼭 서로를 소개 받기 원했다. 소개를 하고 연결하는 과정에서, 실제로 나와 D 간에도, 나와 E 간에도, 연결을 위한 논의나 세부 조율 등 대화는 많이 발생한 상황이었다.

그리고 나서 최종적으로 D와 E를 매끄럽게 연결한 후, D사에게 E사의 시장현황과 경쟁사 대비 메리트, 장단점, 배경 등까지 상세하게 고루 전달한 뒤, 시일이 흘렀고, E 기업과 나는, D 기업에서 답장이 오면 이러이러하게 진행을 상세화 해 가자, 라고도 지속적으로 대화하고 있었다.

그러나 바로 D사의 액션이 없어 보여, E사와 나는, D 기업 확인/답장이 좀 늦나 싶은 상태로 있다가, 시일이 좀 지나 함께 이것저것 체크해 알고 보니, D사가 E사에 답장을 했던 것이 발견되었다.

즉, E사 실무자에게는 D사의 메일이 갔는데, E사 책임자 및 내가 해당 메일에서 빠져 있어서, E사 책임자는 당황하여 나에게 연락을 주었다.
"D사가 답장을 주셨더라고요. 제가 메일에 빠져서 바로 확인을 못 했습니다. 연락이 늦었네요. 미팅도 잡았는데 (필자도) 같이 미팅에 참여하시겠어요?"
라고 E사 책임자는 나에게 공손히 물었다.

이때 나도 아하 싶었다. 늘 내가 발견했던 한일의 차이가 이번에도 발견된 것이었다.

나와 D사, E사의 이메일은 모두 일본어로 오가고 있었다. 그리고 D사 담당자는 일본 지사이고, 일본에서 오래 산 한국분이었기 때문에, 나는 D사, E사, 나의 커뮤니케이션 방향을 일본식으로 생각하고 있었던 것이다. 하지만, 알고 보니 D사는 주로 한국 기업들과 업무를 진행해 온 것이다. D사 그분에게 있어서, 소개자는 메일에서 빼는 것이 당연했다.
E사는 순수 일본 기업의 일본 사람들이다. 저런 한일 차이를 명확하게 인지할

리 만무했고, E사 책임자는 E사 실무자로부터 메일 현황을 보고 받고, 왜 D사가 이메일에서 갑자기 필자를 빠뜨렸는지 크게 당황하며 연락을 급히 준 것이었다.

상황을 이해한 나는, 너무 자세히 문화 차이를 설명하기보다는 (그 설명 자체가 당시 해당 업무에 크게 기여할 상황은 아니었기 때문에) E사에 편하게 선택해 주십사 말씀을 드렸다.

"D사에서 커뮤니케이션 도중 메일주소를 빠뜨리셨나 봅니다. 하지만 상황에 대한 진척과 이해는 서로 동일하니, 큰 문제는 없습니다. E사 입장에서, 제가 즉각 그리고 다시, 같이 중개하는 것이 편하시다면, 저도 메일 및 미팅에 동석하겠고, 또는 당장 이미 개별적으로 2자 간 연락이 시작됐으니, 대화를 주고 받다가, 상황이 급변하거나 중간 조율, 상호 정보나 정리정돈이 필요하시면 개입하겠습니다."

그러자, E사 책임자는 안심했고, 그럼 상황과 타이밍을 보아 곧 다시 필자의 개입을 요청하겠으며, 꾸준히 정보 업데이트를 주겠다고 약속하였다. 실제 그 이후로도 계속해서 정보를 주고 받으며 해당 안건을 잘 성사 완료하였다.

이와 같이 확연히 차이가 드러남에도 불구하고, 누군가와 이런 한국과 일본의 차이를 심층적으로 논해 본 적이 없다 보니, 이게 정말 차이가 맞을까, 혹은 나의 경험의 얕고 가벼움은 아닐까 하는 우려가 왕왕 있었다.

그러나 최근 갑작스럽게 증가한 한국 내 일본 관련 사업, 스타트업 차이 및 현황에 대해 설명하는 컨퍼런스나 설명회, 스터디, 모임들에, 직접 몇 군데 방문해 보았는데, 나와 똑같은 이야기를 하는 분들을 발견했다!

나만의 경험이나 편견이 아니라, 모두가 공감하는 차이라는 점에서, 마음이 한결 놓였다.

(3) 병렬 vs 병행

병렬, 병행이라는 단어 표현이 완벽하게 맞는지는 모르겠으나, 말하고 싶은 포인트는 아래이다.

한국에서는 위의 경우들처럼, 소개 후 중간자가 생략되는 특징들도 있고, 플랫폼 기업에 대한 니즈 및 성장의지도 많거나 크다. 그래서, 1:N을 지향하는 관계성이 되기도 하고, 정말 플랫폼적 특징이 있는 서비스나 기업이라면, 점차 N:N의 관계로 승화하게 된다.

중간자가 없다 보니, 정말 그 사람들끼리 소개받은 관계인가, 친분이 있는가 등이 모호한 경우도 꽤 있다. 소개만 하고 중간 분이 이 자리에 자의적으로 빠지신 것인지, 중개자를 고의적으로 주변에서 생략시킨 것인지, 결과만 봐서는 파악하기 어렵기 때문이다.

일본은, 1:1의 관계가 N개 존재하는 느낌이다. 나와 너, 너와 그, 나와 너와 그 이 하나하나의 선을 소중히 여기는 편이고, 그것에 의지한다. 꼭 좋은 점만 있지는 않을 것이다. 소개한 사람이 중간에 계속 있다면, 책임 문제나 분쟁이 발생했을 때 소개한 사람도 결코 자유로울 수는 없을 것이기 때문이다. 그만큼 서로의 신뢰를 중요히 여기는 반증이기도 하다.

그래서인지, 일본에서는 수많은 1:1의 선이 여러 개 있고, 그게 모이고 모여 집단을 구성하는 느낌이다.

4-9. 집행

의사결정을 하고, 집행을 한다. 예산 집행일 수도 있고, 결정 그 자체일 수도 있다. 계약 여부에 대한 판단이나, 순간순간의 결정 사항들일 수도 있다.

그 의사결정에 가장 큰 영향을 끼치는 것이 무엇인지에 대하여 열거하고자 한다.

(1) 상부 vs 상위

상부는 가장 최상층에 가까운 표현이고, 상위는, 상대적으로 상하 관계에서 각 위에 존재하는 위치를 표현하는 쪽이다.

한국의 의사결정은, 탑다운으로 집행, 결정되는 것이 많다.

물론 시대가 변화하여, 바텀업 프로세스도 많아졌고, 스타트업이라면 으레 바텀업이 아닐지 생각하는 사람도 많을 것이다.

조직마다 차이는 있지만, 그래도 최종 의사결정권자인 누군가가 상부라는 입장과 자격으로서 의견을 내고, 실무자들은 그 의견, 지시 혹은 명령에 대하여 실행하고자 최선을 다한다.

실무자가 자아를 갖고 행동하는 것에 인색한 조직이나 의사결정권자도 더러 있다. 뛰어난 자아와 추진력을 갖고 있으면, 많은 사람들은 해당 실무자에게 여기에서 상부의 지시를 기다리느니 차라리 직접 사업을 하라고 우스갯소리로 권장하는 것 또한 목격하기 쉽다. 한국이라면 말이다.

일본도, 의사결정권자는 최상위에 있지만, 최상위의 사람이 행위로 취하는 것은 주로 승인이다.

일본도 기업마다 다를 것이다. 필자가 경험한 일본 기업들은, 소속도 고객사도 대기업들 또는 중견기업 케이스가 많아서, 기업 문화가 기업마다 크게 다를 수 있음은 부정하지 않는다. 다만, "위에서 결정했으니 그 프로젝트를 해야 한다"보다는, "이 프로젝트에 대하여 위에서 승인했으니, 그 프로젝트를 잘해야 한다"가 일본 기업의 특징을 더 자세히 말해 주는 문장일 것이다.

즉, 일본도 탑다운은 탑다운인데, 탑이 결정하기 위한 바텀업을 하는 과정이 존재한다.

한국의 기업들 중에는, 단순한 탑다운 결정이 아니라, 탑다운을 하기 위해 재료만 실무자들에게 모아오길 바라는 경우도 분명 있다. 한국식 업무 스타일상 그래야 속도가 나고 더 명확한 결과를 창출하기 원활할 때도 있기 때문이다. 게다가, 실무자 입장에서도 본인의 의지나 의사를 투여하기보다, 지시받은 것 위주로 실행하고 싶어 하는 마음을 가진 실무자들이 당연히 있고, 조직마다 문화 및 색깔의 차이가 있으며, 어떤 부분들은 그저 가치관일 뿐, 혹은 기업 문화일 뿐, 나쁜 것은 아니다.
기업마다 그 기업을 움직이는 동력은 다르기 마련이며, 일본도 한국과 동일한 생각을 가진 실무자들이 많다.

다만, 일본의 어느 선진화된 기업에서 바라는 업무 프로세스는, 재료를 모아오는 것이 아니라 각자의 의사, 의지를 투영하여 보다 나은 안을 가져오는 것을 기대하고, 그 모인 대책과 방안들 중, 최종 결정에 대한 승인 권한과 책임을 갖는 것이, 한 단계 상위 역할 및 직책을 가진 사람들의 의무인 것이다.

중간중간 의견을 모으고 취합하는 과정이나, 기존 안을 개선하여 승인을 받기 전까지의 단계에서, 그 안을 제언하거나 담당하는 실무자 본인의 생각은 어떠한지를 물어보는 과정들도 빠지지 않는다.

또 상황이 이렇다 보니, 한국은 위에서 아래까지 모든 맥락이 내려오는 것이 오래 걸린다. 목표는 이것이다!라는 명령은 금방인데 자세한 맥락이나 배경 설명이 바로 잘 내려오지 않는다. 그래서 엎치락뒤치락 시행착오하며 실무자들은 명령에 대한 수행을 최우선으로 하여 작업을 수행한다.

일본은 아래에서 위로 가는 게 오래 걸린다. 승인 프로세스가 그렇다. 최종 승인만 나면, 맥락은 실무자들이 이해하고 있는 그대로이기 때문에, 그 전달과 이해에서 고생하지는 않지만, 전 단계인 승인이 오래 걸린다. 실무자들은 그러려니 싶지만, 이 실무자들과 협업을 해야 하는 한국 기업에서는 답답할 수 있다.

왜 모두가 납득하고 동의했는데 바로 결론이 나지 않을까, 바로 외부 공개 가능한 상태로 업데이트되지 않을까 하는 점이 답답할 것이다.

한국 기업 입장에서는, 일단 결정하고 추진했으면 싶은데, 결정 여부가 오래 걸리니, 초조해 하거나 답답하고, 미처 그 답변을 기다리지 못하고 다음 방안을 찾는다. 그러다 보니, 일본 기업에서는 왜 이 상황을 못 기다릴까 하며 반대로 한국 기업을 답답해 하기도 한다. 서로 다를 뿐 틀리지 않았는데, 같이 답답한 것은, 양쪽의 생각이 다르기 때문이다.

사업을 추진하는 입장에서는 둘 다 옳다. 대안을 찾는 것도 맞고(한국), 상대방의 맥락을 기다리는 것도 중요하기 때문이다(일본). 추진이 빨라야 다음 실적으로 단계를 밟아 갈 수 있고(한국), 모든 게 명확해진 뒤 움직이고 공개되어야 최대한 리스크를 방지할 수 있기 때문이다(일본).

그러나 생각의 차이가 있다 보니, 한국은 프로젝트 추진 대화중 갑자기 다른 경쟁사를 이야기 속에 등장시키기도 하고, 그 일면에 대하여 일본은 한국이 입장을 자주 바꾸고 인내하지 못한다고 여긴다. 갑자기 다른 경쟁사 이야기를 꺼내는 것은, 아예 고객사를 바꾸겠다는 의도일까 등 오해가 쌓일 가능성도 발생한다.

반대로, 일본의 길고 오래 걸리는 승인 프로세스 및 그럼에도 결정이 긍정적으로 무조건 확실하게 확언해 주지 않는 상황에 대하여, 한국은 일본이 앞과 뒤가 다르고 답답하고 비효율적이라고 생각한다.

그런 오해가 쌓이고 쌓이다 보니, 계약 및 긍정 검토를 목전에 둔 상황에서 갑자기 협업 자체가 결렬되는 경우가 상당히 많다.

한국에서도 이례적으로 승인이 오래 걸리는 경우가 있는데, 그것은 주로 비용 처리 등, 사업이나 업무에 직접적이지 않은 부분에서 그렇다. "이걸 일일이 승인해야 하나?" "이걸 일일이 입력해야 하나?" 그런 것을 비효율적이라고 여기기 때문이다.

프로젝트 승인은 갑자기 나는 경우가 많고, 앞에서 밝혔듯이 "상부에서 갑자기 하라고 합니다"가 주된 문구이자 동력이기도 하다.

한국은 "상부에서 하라고 해서요" 하며 프로젝트의 바퀴가 굴러가기 시작하고, 일본은 "상위 의사결정권자에서 승인이 났습니다"라는 트리거를 통하여, 바퀴를 굴리기 위한 기름을 주입한다.

(2) 통보 vs 승인

즉, 한국은 결정 여부나 중요사항을 위에서 아래로 통보하고, 일본은 아래에서 내용을 정리해 제출하면 위에서 승인하거나 옵션 중 최종 결정을 진행한다.

프로젝트의 결렬이나 지연 경우도, 한국은 통보에 강하다.

탑다운에 근력이 생기고 익숙해지다 보니, 비합리적인 통보에 화를 내거나 욕을 하거나 흥분할지언정, 통보 자체는 그러려니 하는 마음이 강하다. 위에서 아래로 내려오는 통보가 익숙하다 보니, 안에서 밖으로 대외적인 메시지나 입장에 대해서도, 어느 정도 양쪽이 양해하고 납득했다는 생각이 들면, 통보에 가까운 연락을 하는 경향이 있다.

일본에서는 통보보다는 승인, 설명, 상황에 대한 이해 촉구 등으로 정중함을 얼마나 표현하느냐에서 인상, 관계의 좋고 나쁨이 나뉜다. 결과에 대하여 이렇다고만 하는 것은, 일본 기업 입장에서 무척 실례되는 것이며, 왜 이번 결정이 그러했는지, 어쩔 수 없음에 대해서도 최대한 길고 자세하게 설명하는 것이, 훨씬 부드럽게 다음을 기약할 수 있다.

한국은, 통보할 때 하더라도, 필요할 때 혹은 서로 도움이 필요할 때 다시 연락하면, 비즈니스적으로는 얼마든지 다시 대화를 할 수 있으리라는 믿음이 있어서일 것이다. 한국 기업은 그렇다.

일본은, 통보하는 그 과정에서, 다시 대화할 만한 기업인지 아닌지가 함께 결정되고, 이후의 대화에서도, 혹은 해당 기업이 아닌 다른 기업과 대화할 때에도, 그 언동과 인상이 꼬리표처럼 따라다니게 된다고 보면 된다.

⚘ Tips

한국 기업의 입장에서 어쩔 수 없이 프로젝트나 협업 여부를 결렬 방향으로 추진하게 될 때에는, 상황에 대하여 솔직하고 자세히 설명하는 편이 좋다. 한국 기업 및 스타트업의 경영진들, 의사결정권자나 실무자들이 내로라하는 경험과 지식이 있듯이, 일본에서 이 커뮤니케이션을 같이 주도하는 사람들도 그 정도 사리분별은 한다.

한국식으로는 최대한 핑계나 설명을 줄이고, 누군가의 탓을 하는 것이 빠르고 덜 미안할 수 있다.

하지만 일본식으로는, 상황은 우리의 탓이며, 이러한 원인이나 요소가 그러해서 이번은 아쉽지만 이러한 결과가 되었고, 대신 다음 이후에는 이런 방향으로 제시하고 논의하고 싶다는 이야기를 자세히 전달하는 것이 중요하다.

Episode

한국 기업, 일본 기업 등 여러 기업이 엮인 프로젝트를 진행한 것이 있었다. 컨소시엄을 구성하는 컨셉이라고 보면 이해하기 쉬울 것이다. 결과적으로 한국 기업들은 복수 개의 일본 기업 중 일부를 택했고, 나머지 기업에게는 결렬 연락을 하게 되었다.

맥락이나 과정은 차치하고, 일부 기업은, 조금 더 자세한 설명을 원한다는 취지의 답장이 빠르게 왔다.

이때 가장 바람직한 방식은, 상황에 대해서 자세히 설명하고, 담당했던 실무자들이 위에 잘 보고할 수 있는 환경도 배려해 주며, 또한 최대한 다음 프로젝트나 계약의 가능성을 시사하여 바로 다음 액션으로 이어지면 좋을 것이었다. 하지만, 그러기에는 한국 기업들에서 전체를 취합하거나, 해당 사업을 명확하게 담당하는 실무 책임자가 없었다.

결과적으로 한국 기업들끼리 논의, 취합하여 보낸 답장은, "자세한 설명은 불가합니다"라는 입장이었고, 해당 일본 기업은 그 답장에 대하여 더 이상 답장을 보내지 않았다. 다른 연락 메일에 대해서도 한참 뒤에서야 회신을 간단히 보낼 뿐이었다.

이 모든 액션이 실은, 우리는 무척 화난 상태이고 실망했다는 표현이지만, 한국 기업들에서는 후처리를 하지 않았고, 해당 내용의 번역 권한만 있는 나로서는 의견이나 제언을 거의 할 수 없는 상황이었기 때문에, 양측이 좋은 의도임에도 서로 전해지지 않는 안타깝고 슬픈 상황이었던 것이 아직까지 선명하게 기억에 남아 있다.

내가 그나마 한국 기업들과 일본 기업들의 사업적 관계 개선을 위해 할 수 있는 것이 있다면, (1) 해당 일본 기업에 전혀 다른 협업 제안을 통해 프로젝트가 성사되거나, (2) 이러한 서적 및 정보공유를 통해 조금씩 비즈니스 컬처의 차이와 갭을 인식시켜 가는 것 아닐까 싶다.

궁극적으로는, 그 기업이 한국 기업에 대해 갖고 있을 나쁜 인상이나 이미지를 회복할 수 있는 기회가 꼭 생기길, 그리고 그를 통해 한국 기업들의 일본 기업 협업과 진출이 더욱 순조롭게 되어 서로 윈윈(win-win)할 수 있기를 간절히 바란다.

(3) 마감 vs 안전

의사결정을 최종적으로 보완하고, 그 의사결정이 값진 것이었는지, 책임은 없었는지 이를 판가름하는 것은, 한국은 마감 및 마감 그 자체에 대한 납품 여부, 일본은 안전한 납품 여부일 것이다.

한국에서 이뤄지는 의사결정의 경우, 꼭 모두 그렇진 않지만, 의사결정을 내리는 탑다운 입장에서, 원하는 일정이나 마감일이 대략적으로 있다. 상반기에는 달성이라든지, 3/4분기까지 완료하여 4/4분기에 홍보한다 등.

그리고, 실무자 입장에서도 의사결정권자가 내린 결정의 실무 및 집행, 작업들 수행에 대해서, 해당 마감일에 마감을 잘 시키고 납품을 완료하느냐 즉 납기에 대한 스트레스가 우선적이다.

기업 내 인사관계가 복잡하거나 인원이 많은 경우에는, 납기 및 마감 여부에 조직의 존폐가 걸리기도 한다. 프로젝트 마감 및 공개 시기 자체가 분기 말이나 연말인 경우가 있을 정도이다. 또는 상위권자의 계급장이 걸려 있는 경우도 더러 있다. 완벽히 수행되지 못할 경우, 큰 책임을 물고 자리를 내어 주는 경우도 자주 있기 때문이다.

그에 대비해서 일본의 경우는, 누누이 말하듯 당장의 프로젝트의 납기 또는 스케줄 혹은 변동사항이 계속해서 일어날 수 있음은 모두가 각오하고 있고, 대신 그 각 상황에서 얼마나 대비책을 잘 마련하여 수습하고 다음 프로세스로 온전히 가느냐 하는, 안전함을 가장 중요시 여긴다. 사이사이 정중하게 모든 내용을 조직 내 또는 상위에 자세히 설명하고 공유하는 과정은 덤이다.

의사결정권자가 어떤 프로젝트를 최종적으로 승인하고, 그 프로젝트가 마무리에 달했을 때에, 모두의 이목이 집중되는 부분은, 얼마나 안전하게, 리스크 없이 또는 문제 없이 그 프로젝트가 완수되고, 이후의 기간동안에도 당분간 안전 운영이 보장되는지, 그 여부가 일본 기업에는 중요한 포인트이다.

한국 기업 입장에서는, 뒤에 놓여 있는 각종 마일스톤과 스케줄 때문에, 마감을 빠르게 마치고 다음 프로세스로 넘어가고 싶은 마음이 굴뚝 같겠지만, 일본 기업과 협업한다면, 일본 기업의 주목 포인트는 안전 및 리스크 요소, 품질이라는 것에 가장 중점을 두고 있는 것을 이해하고, 그 점을 납득하여 프로젝트를 완수할 수 있도록 리드하고 조율한다면 프로젝트 과정과 협업 결과가 훨씬 효과적이고 효율적일 것이다.

4-10. 업무

세부적인 업무 및 작업을 수행하는 과정에서도, 위의 특징들을 기반으로 서로가 대화하는 양상이 매우 다르다.

상세한 포인트들에서조차, 서로가 가진 기준이 다르기 때문에, 작은 단어가 오해를 빚거나 섭섭함을 자아내게 하기도 한다. 최대와 최소, 표준화된 것과 커스텀에 대한 생각 등, 세부적인 업무에서 등장하는 표현과 생각 차이에 대해 살펴보자.

(1) 최단 vs 최대

한국은, 최단 일정을 설정하고, 거기서부터 계속 수정하며 대화한다.
일본은, 최대 일정을 설정하고 그걸 토대로 논의 및 고민하며 스케줄링한다.

한국 기업의 습관이자 특징 중 하나는, 본인이 내뱉는 납기나 마감일이 있을 경우, 최단의 일정을 말하고 최대치로 끌어다 쓴다. 무슨 말이냐 하면, "다음주까지 드릴게요"라고 하는 경우, 이번주 대비 최단의 일정이기 때문에 차주 월요일일 가능성도 있지만, 간혹 차주 금요일 밤 23:59 또는 더한 경우에는 주말인 일요일 밤 23:59나 차차주 월요일 업무 개시 전까지를 의미하는 경우도 있다.

즉, 한국 기업의 실무자가 말하는 "다음주까지"는 이번주 월요일에서 차차주 월요일 아침 전까지 계산하면, 약 14일의 유예 기간을 갖는 경우도 때로 존재한다.

나 자신도 그렇게 에둘러 표현하는 경우가 있다. 한국 기업 내에서, 또는 한국 기업과 업무 할 때에, 매번은 아니지만 상황에 따라 그 단어가 포괄적이 될 수도 있음을 인지하고 있다. 그래서 최대한 요일이나 시간대를 언급하거나, 늦어질 것 같으면 미리 주말까지는 드리겠다고 표현하는 편이다. 상대 기업이나 실무자의 마감 및 긴급도 상황에 따라서도 달라지기는 한다.

일본은, "다음주까지 드리겠습니다"라는 경우 자체는, 우리나

재팬비즈 제로투원

라와 비슷한 허용 범위는 있을 수 있지만, 주는 사람도 받는 사람도, 다음주 주중의 수요일이나 목요일 정도를 상상하는 경우가 더 많다. 최대 일주일 정도를 고려한다.

만약, 피치 못할 사정으로 수요일에서 대폭 넘어갈 것 같으면, "제가 이번주 중에 드린다고 했는데, 금요일까지는 드리겠습니다"라고 중간에 한마디 연락을 넣어둔다면 상황이 나아질 수 있다.

그렇지 않으면, 일본 실무자들은 해당 연락을 매 시간마다 기다리고 있을 것이기 때문이다.

심지어, 이런 회신 및 다음 예정 작업까지 간트 차트(Gantt chart) 또는 WBS(Work Breakdown Structure)에 기재되어 관리되는 경우조차 있을 정도이다!

국가 간의 언어에서 일어날 수 있는 미묘한 언어 차이이긴 한데, 이것에서도 서로의 신뢰도가 좌우되기도 한다. 마감을 지키느냐, 못 지키고 매번 수정 연락이 오느냐 하는 부분이다.

한국은, "하루이틀 내로 정리해서 드리겠습니다"라는 문장을 들으면, "이틀 내에 오면 좋고, 사나흘 걸릴 수도 있겠구나"라는 마음을 은연 중에 갖는 편이다. 어쨌든, 노력해서 빠르게 주겠다는 의미로 파악한다.

일본은, "하루이틀 내에 드리겠습니다"라는 말을 들으면, 이틀 내에 오지 않았을 때에, "이 사람은 자기 말을 못 지키는 사람이구나"라는 생각을 갖기 시작한다. 이후에 하는 말들도, 지키지 못할 때마다 마이너스 점수가 누적되어, 마치 양치기 소년처럼 마감일의 신뢰가 낮아질 것이다.

양치기 소년은 그래도 3번이나 기회가 있었지만, 일본의 비즈니스 및 영업 상황에서는 어림도 없다. 빠르게 전달하고자 하는 내용이 있을 시, 날짜를 확정할 수 있다면 날짜를 전달하고, 또는 날짜를 확정 지을 수 없다면 "근 시일 내로 드리겠습니다"라고 적확한 단어를 사용하여 말하는 편이 훨씬 신뢰가 가고, 믿을 수 있다.

Episode

한국 기업과 일본 기업 간의 커뮤니케이션을 하다가, 한국 기업이 일본 기업에 자료를 전달할 것이 생겼다.

한국 기업은 "8/3(수)[예시 날짜]까지 드리겠습니다"라고 했다.
여러 국적의 기업들이 같이 모여, 모두가 대화하는 그룹 커뮤니케이션 채널이었다.

일본 기업은 8/3(수) 오전이 되자 나에게 물었다.

"혹시 그 한국 기업은 오늘 몇 시쯤 자료를 주실까요? 우리는 기다리고만 있으면 될까요? 해야 할 액션이 있을까요?"

해당 날짜가 되었음에도 오전에 바로 연락이 오거나 파일이 도착하지 않으니 불안해지는 것이다.

나는 대답했다.

"제가 오늘 하루 기다려 보고, 만약 빠르게 오지 않으면 오후 및 저녁에 상대방 기업(한국 기업)에 리마인더 연락을 드려 자료를 받아보겠습니다."

8/3(수) 오후가 되었으나 한국 기업에서는 아무 연락이 없었다. 나는 해당 채널에서 해당 담당자에게 말을 걸었다.

"담당자님, 혹시 해당 자료는 오늘 몇 시쯤 받을 수 있을까요? 전달 잘 부탁드립니다."

해당 담당자는 대답했다.

"네, 현재 정리 중이고 오늘 중으로 전달 드리겠습니다."

8/3(수) 17시가 되었다.

아직 파일을 못 받은 채, 추가 연락이 없다.

나는 또 채널에서 해당 담당자분께 말을 걸었다.

"담당자님, 혹시 해당 자료는 오늘 몇 시쯤 받을 수 있을까요? 일본 기업에서 담당자들이 계속 기다리고 있습니다."

18시가 넘어서야 해당 담당자는 말했다.

"오늘 중에 어려울 것 같아서… 내일 드리겠습니다."

"알겠습니다."

일본 기업에 전달하자, 일본 기업 실무자는 당황해했다. 오늘 내내 기다린 것은 그렇다 치고, 오늘 받을 것으로 예정하여 다음 업무들 및 미팅 스케줄이 전부 촘촘히 짜여진 상황이었기 때문이다.

하지만 어쩔 수 없다고 이해해서, 일본 기업 담당자는 잘 알겠다고 했다.

다음 날, 8/4(목) 오전이 되었다.

일본 기업은 나에게 다시 어제와 같은 질문을 하였고, 나도 상황을 기다려 두어 번 또 리마인드를 하였으나, 한국 기업 담당자는 각 순간마다 대답했다.

"작성 중입니다."

"상부 컨펌 기다리고 있는 중입니다."

"아직 시간이 조금 더 걸릴 것 같습니다."

"수정 중입니다."

이 대화는 저녁까지 이어졌다.

담당자도 최선을 다하고 있었을 것임을 안다. 한국 기업도, 일본 기업도, 나도 계속 쫓기는 마음이었을 것도 서로 충분히 상상이 간다.

다만, 최종 완료되어서 전달되는 일정을 처음부터 전달해 두었더라면, 아무도 하염없이 기다리지는 않았을 것이다.

결국 8/4(목) 저녁에도 완성되지 않았다는 연락을 받았다.

나는 최대한 중립적으로 해당 상황을 일본 기업에게 전달했고, 일본 기업 실무자들은 더욱 당황한 기색이 역력했다.

"또?"

"아직도?"

그럴 거면 왜 처음부터 수요일로 전달했을까 하는 맥락이었다.

결과적으로, 해당 한국 기업은 8/4(목) 밤, 업무시간이 종료하고 나서야 자료를 전달 주었고, 일본 기업 측 검토 시간이 부족한 걸 아는 나로서는, 심야에 해당 자료를 번역하여 일본 기업에 전달하였다.

물론, 이 경우는 내가 일본 기업의 입장에서 본 업무를 담당하고 있기 때문에, 한국 기업에게 상황을 묻고 한국 기업의 대답을 사실대로이면서도 매끄럽게 전달한 것이다.

반대로, 한국 기업의 입장이나 소속이었다면, "일본 기업에 그렇게 말하면 하염없이 기다릴 테니, 완성되는 날짜로 전달해 주시면 좋을 것 같다"고 초반에 조언했을 것이다.

이 경우에도, 한국 기업 담당자에게 따로 말씀은 드렸다.

"해당 단어로 말씀하시면 일본 기업은 보통 모두가 하염없이 기다려서요."

한국은 최단 날짜를 이야기하는 경향이 있지만, 최대의 기한을 충분히 고려하여 일본에 전달하면 좋다.

일본에서도, 이처럼 한국이 말하는 연락 일정은 최단일 가능성이 있으니, 후속 작업을 고려하거나, 작업 간 크리티컬 패스가 존재한다면, 최대한 상대방 한국 기업에 일정 및 영향을 더 세부적으로 캐묻고 대화하는 것이, 서로의 업무 시간 소모 및 감정 소모에도 더 나은 방향이 될 수 있다.

(2) 최소 vs 최다

최단의 일정으로 효율을 선호하는 한국에서는, 소수의 주요 인원이 얼라인하면, 프로젝트가 진행되는 편이다.

일본은 관계자 인원이 모두 납득해야, 프로젝트가 앞으로 진전할 수 있다.

다수결이나 수평적 문화와는 또 조금 결이 다르다.

앞서 서술한 상부의 명령, 탑다운 등도 포함하여, 한국에서는 긴밀하게 필요 인원을 중심으로 의사결정과 의사 소통이 이루어진다. 그리고 실제로 그게 효율적이기도 하다. 어떤 측면에서는, 그런 배경들로 인해서, 주요 사항을 모르고 있는 인원이 있다면, "아 해당 인원은 주요 멤버가 아니구나"라고까지 생각할 가능성도 간혹 존재한다.

일본은, 관계자가 많으면 많을수록, 모두가 확인은 해야 동의 여부 및 찬성 여부를 떠나 다음 프로세스로 넘어갈 수 있다.

그렇기 때문에 정례 미팅 즉 정기적으로 개최되는 미팅 개수가 많은 편이다. 모두가 확인했다는 사실도 중요하기 때문이다. 정례 미팅까지 의사결정 자료를 최대한 모으고, 긴급한 내용은 즉각 처리하더라도 그렇지 않은 사항들은 해당 자리에서 모두가 보는 명분하에 확인이 이루어진다. 미팅 시간이 부족하면 별도의 메일이나 채널을 통해서라도, 관계자 모두가 확인했다는 과정을 거쳐야 한다.

해당 미팅에 갑자기 결석하게 된 사람이 주요 의사결정권자 중 하나라면, 미리 또는 사후에라도 해당 내용에 대해 컨펌을 받는다. 결석하는 사람이 참고 정도의 권한이나 책임을 갖는다면, 사전 또는 사후에 보게끔, 상호 확인하는 프로세스 등을 별도로 마련하거나 거쳐가기도 한다.

그래서 위 언급한 맥락으로 다시 훑어보자면, 어떤 결정사항에 대하여 주요 사항을 모르고 있는 멤버가 있다면, 한국 기업은 "해당 멤버가 주요 멤버가 아닌가?"라는 생각이 크겠지만, 일본 기업에서는, 한국 기업과 같은 생각도 할 수 있지만, 그보다 "이 조직은 상황이 서로 잘 공유가 되지 않는 조직인가?"라는 생각도 머리를 크게 스쳐갈 수 있다.

한국은, 필요 최소 인원에 의한 빠른 주요 결정.
일본은, 최대한의 관계 인원들에 의한 확실한 결정.

🎣 Tips

일본 기업과 미팅을 앞두고 있다면, 최소한 해당 인원 내에서는 필요 사항을 모두가 사전에 함께 공유해 두면 좋다.

의사결정이나 책임 등에 대한 것이 아니라, 조직 내 공유 및 확인 여부도 일본 기업 입장에서는 중요한 판단 요소이자, 리스크를 방지하고 서비스 품질을 높이는 주요한 포인트이기 때문이다.

즉, 정보 전체보다는 아젠다, 배경, 주요 사항은 함께 알고 있는 상태로 양국 간 미팅을 가지면 좋다.

또한, 이와 같이 결정을 해야 한다고 생각하는 인원에 대한 개념의 차이가 있을 수 있어서, 결정 사항을 회의에서 공유하기보다, 결정이 필요한 사항을 회의에서 함께 결정해가는 방향일수록, 더 많은 협조와 공감을 이끌어 낼 수 있을 것이다.

☕ Small talk

이 배경에 의하여, 일본의 내로라하는 기업들은 워낙 정례 미팅이 많다 보니, 일본 기업들 및 조직에서도 지나치게 많거나 긴 회의에 대해서는 회의적이다.

그래서, 회의를 효과적으로 진행하기 위한 툴이나, 운영자 역할도 중요하게 여긴다.

우리나라에서는 회의를 순조롭게 진행하는 책임자, 운영자에 대하여 모더레이터(Moderator)라는 표현을 주로 하는데, 일본에서는 해당 임무를 수행하는 사람에 대하여 퍼실리테이터(Facilitator)라는 표현을 주로 하며, 퍼실리테이션에 대한 책도 많고, 컨설팅 기업에 업무를 맡길 때에, 해당 역량을 기대하는 경우도 많다.

AI를 활용한 회의 툴도, 회의를 효율적으로 운영하거나 회의 전후와 작업, 과정을 단축하고 효율화할 수 있는 툴이 현재(2024년)로써는 인기가 많다.

(3) 열린 vs 닫힌

아이러니하게도, 효율적 조직과 공유/확인을 중요시하는 조직에서 갖는 문서 형태는 반대이다.

한국 기업들의 문서는 요즘 클라우드에도 많고, 어차피 소수에서 필요 인원으로 전달될 것이라는 생각에서도 비롯되어서인지, 파일의 형태가 열린, 즉 누구나 참조할 수 있는 형태로 전달되는 경우가 많다. 드랍박스(Dropbox), 구글드라이브(Google Drive) 또는 기타 파일 공유 전용 툴에 의한 링크 공유가 많다. (셰어포인트(SharPoint)는 조직 외보다는 조직 내에서 공유가 이뤄지는 경우가 많다.)

일본은, 많은 사람들에게 공유되고 확인이 필요한 것도 그렇고, 그 과정에서 각종 개인정보 유출도 무척 우려를 표하는 것이 일상적이다 보니, 파일 공유에 소극적이다. 먼저, 파일을 공유한다면 우선 내부 승인을 전제로 하는 경우도 많다. 그리고, 파일 공유 시, 비밀번호나 암호를 걸고, 첫 메일로 파일을 보낸 뒤, 두 번째 메일을 통하여 해당 암호나 비밀번호를 개인 연락으로 보내는 경우도 많다. 무분별한 공유 및 파일 + 비번 세트 형식의 공유를 통해 정보가 유출되는 것을 최대한 방지하고자 하는 것이다.

더하여, 해당 파일의 암호나 비밀번호는 개인이 그때그때 직접 설정하는 것이 아니라, 기업에서 설정한 또는 자동화된 툴이나 자동 암호화 툴도 매우 많이 사용된다.

구글 드라이브나 클라우드도, 요즘은 사용이 잦아졌지만, 한국 정도로 많은 파일을 시시각각 폴더나 링크로 공유하지는 않는다.

한국도 그렇지만 일본의 금융회사는 특히 더욱 보수적이라서, 컴퓨터도 반출 불가능한 것 외에, 종이 자료도 반출 불가 또는 사전 승인 필요, 파일도 반출 불가, 그리고 외부로 보내야 하는 파일이나 메일이 있다면, 승인 절차와 자동 암호화 등을 거쳐 무척 엄격하게 관리된다.

한국도 보안 관련해서는 꼼꼼하게 보겠지만, 그 외의 사업계획서나 각종 회사소개서 등에 대해서는 꽤 열려 있는 편이고, 일본은 보다 닫힌 형태로 파일을 제공하거나 세세한 확인을 요하는 경우가 많다.

Tips

바꿔 말하면, 꼭 특정 방법이 옳다고 단정할 수는 없으나, 조금이라도 기밀에 가까운 내용, 또는 대외 공개까지 시일이 남은 정보를 취급할 가능성이 있다면, 링크 공유보다는 파일을 통한 공유, 그리고 파일 및 암호를 나누어 전달하는 공유 방식이, 일본 기업에게 훨씬 신뢰를 줄 수 있다.

(4) 공용 vs 전용

한국은 B2C에 특화되는 위 기술한 특징이나, 조금 전 위에서 언급한 파일의 열린 제공 등도 포함해서, 공용화시키는 것에 대한 특장점이 있다.

최대한 자료나 내용의 접근이 쉽도록, 공용 혹은 공개된 장소에 노출하고, 제너럴한 방향으로 대화하거나 자료를 제공한다. 기업과의 제안서나 협업 자료도, 효율을 위하여 하나의 소개서를 가지고 제안서로도 작성하여 그대로 여러 기업에 뿌릴 수 있도록 제작한다.

이 또한 매번 그러한 것은 아니고, 전략에 따라 상이할 수 있다. 그리고 하나의 소개서로 여러 기업과 논의할수록, 파일 작성 리소스를 줄일 수 있으니, 훨씬 효율적이라는 사실에 매우 공감한다.

한편, 일본은, 얼마나 커스텀하게 작성했는지, 커스텀하게 제공했는지, 얼마나 상대방 전용으로 설계된 것인지를 포인트로 둔다.

얼마나 나와 우리 기업을 특별 대우하는지, 얼마나 이 상황을 특징 있게 보고 최대한 노력하는지, 그리고 그러한 노력을 어떻게 어필하는지, 우리 기업에게 특화된 제안이 무엇이며, 얼마나 우리 기업에 대해 조사하고 분석했는지, 그 모든 것이 관찰의 대상이다.

그리고 결과적으로는 같은 내용일지라도, 우리 기업이나 우리 프로젝트, 우리에 대한 제안을 특별하고 가치 있게 작성하거나 제공한 것 같은 기분이 들거나, 나와 우리 기업 타깃으로 서비스를 특히 특화해서 제공해 주는 것 같은 감각을 느끼면, 더욱 애착을 느끼고 해당 브랜드의 팬, 강력한 제휴 후보 기업이 되는 것이다.

⚙ Tips

일본 기업에 제안서를 보낸다면, 해당 기업에 특화된 내용이나 문구, 기업명 등을 최대한 넣어, 커스텀 된 전용 자료임을 강조하면 좋다.

물론 제안서의 내용과 밀도도 중요하겠지만, 그럼에도 그 기업이 상대방 기업에 대하여 얼마나 조사하고 고민하며 노력했는지를 보여주는 중요한 요소이다.

메일 내용과 메일 제목, 첨부 파일 내용과 파일 제목 등, 많은 곳에 커스텀 요소를 넣을 수 있다.
물론, 그만큼 기업명을 실수하지 않도록 신중해야 하는 것도 사실이다.

이 특징은 제안서뿐만 아니라, 면접을 볼 때에도 비슷한데, 모든 기업의 면접이나 면담, 시험에 같은 내용과 같은 자세로 임하고 있다는 것을 보여 주기보다는, 이 기업에 대해서 특히 고민해 온 생각이나 조사한 것, 해당 기업의 특징, 장단점, 그래서 그 정보를 바탕으로 고민한 인사이트나 포인트 등을 함께 논한다면, 면접에서의 합격 확률도 훨씬 올라갈 것이다.

4-11. 홍보

마케팅, 보도자료, 홍보 등에 대하여 함께 다루는 경우도 많다. 그럴 때에도, 양국의 차이가 확연히 느껴진다.

어쩌면, 한국에서는 "홍보가 (소위 말하는) 꽃"이고, 일본에서는, 서술한 것처럼 "영업이 꽃"이라고도 볼 수 있겠다.

한국에서는 마케팅, 홍보를 통해 기업의 브랜딩과 이미지 상승에 기여하는 것이 큰 과제이기도 하다. 한편, 일본에서는, 영업을 통해 많은 것이 결정되는 편이고, 홍보 관점에서는, 당연히 미디어 및 매체 노출과 기자들과의 관계 형성, 홍보 진행도 중요하지만, 주목받는 행위 그 자체보다는 세부적인 조율과 맥락, 뉘앙스 조정을 잘하여 튼튼한 브랜드 기반을 만드는 것이 요구되는 편이라고 볼 수 있다.

모든 내용을 자세히 논할 수는 없지만, 몇 개 특징만 같이 살펴보고자 한다.

(1) 다시, 효과 vs 맥락

앞에서 짚은 대로이다.

한국은, 효과 및 임팩트가 중요하다.

얼마나 주목을 받을 수 있을 것인가.

그렇다 보니, A사와 B사가 프로젝트 진행에 앞서 파트너십이나 MOU 등을 맺을 때에도, 한국에서는, 아직 해당 내용이 구체적이지 않아도 보도자료를 내길 희망하는 경우도 많다. 구체적인 협업 내용으로 보도자료를 낼지, 대략적인 구도나 희망 및 전망으로 보도자료를 낼지에 대해서는, 업계마다, 기업의 색깔마다 다 다를 수 있다.

또한, 아직 계약 전이거나 보도자료 전이라고 해도, 정확한 엠

바고를 지키는 경우도 있지만, 경쟁사나 여러 정황에 의하여 일부러 협업 정보나 예정 사업 정보를 흘리는 경우도 있다. A사가 한국 기업이라면, A사에서 일부러 주변에 살짝 공개하는 경우도 있고, 그런 의도는 아니었는데, 미팅한 B사나, B사가 미팅했다는 사실을 전해들은 C사 등, 주변 관계자가 듣고 고의든 우연이든 퍼뜨리는 경우도 있을 것이다. 크게 민감한 경우만 아니라면, 그리고 결과적으로 좋은 구도 또는 상황을 가져다준다면, "좋은 게 좋은 거지"라는 생각이 한국은 강할 것이다. 특히, 기업 및 상황마다 판단 기준도 섬세하게 다르고, 결과적으로 모두에게 좋은 방향으로 잘 해결되는 것을 우선한다.

일본 기업에서는, 아젠다나 협업 내용이 구체적이지 않은데 보도자료를 내는 것은 무척 민감하고 꺼리는 편이다.

물론 일본에서도, 미디어의 주목도가 중요한 기업이나 시기가 있기 때문에, 무조건은 아니지만, 일반적으로는 조심스럽다. 구체적인 내용이 없이 보도자료가 나가는 것은, 보도자료 이후의 상황들에 대한 우려나 준비, 리스크에 대한 것들이다. 어쨌든 미디어에 노출이 되면 외부에서 여러 문의가 들어올 것인데, 그에 대한 대비가 확실하지 않으면, 내용이 알차고 실하지 않을 경우, 즉 타사나 타 미디어의 예상 질문에 완벽하게 답변하지 못하거나 기대하는 내용으로 대응하지 못할 경우, 그리고 날짜나 내용을 제대로 준수하지 못할 경우, 기업 스스로의 이미지를 대폭 깎아 내릴 수 있기 때문이다.

그렇다 보니, A사와 B사가 프로젝트 진행을 하는 경우, 하나라도 일본 기업이 그 대상에 속해 있다면, 일본 기업에서 원하는 바는, 절대 외부로 노출되는 타이밍까지 아무에게도 노출이 되지 않는 것에 집중하며, 모든 준비 상황이 마련되고 나서야 짠 하고 오픈하는 것. 그것이 가장 선호되는 상황이다. 주변에 알려져도 괜찮겠지 싶은 생각이 한국에서는 순간적으로 들 수 있다. 반면, 일본 기업에서는 그런 상황이 모두 리스크이고, 만약 결과가 좋을지라도 과정에서 그런 잡음이나 우려가 한 번이라도 등장한다면, 이후의 진행에서 크든 작든 매번 우려를 표하거나 부정적인 태세로 들어갈 가능성이 있다.

일본 기업들의 그간의 밟아온 과정들로 하여금, 기업 자체의 브랜드 임팩트 차원에서도, 명확한 준비 및 리스크 매니지먼트를 꾀하고자 하는 부분들이 있는 것이다.

한국도 브랜드 임팩트 중요성은 당연히 모두 공감하겠지만, 외부 노출에 대한 리스크에 대해서 한국은 "좋은 게 좋은 거지"이지만, 일본은 "무조건 사전 노출은 위험", "협의, 합의되지 않은 공개는 일단 주의"라고 생각하고, 최대한 모든 것에 대해 조심하고 여러 번 확인하는 편이 사업적으로 안전하다.

(2) 유명 vs 안정

유명 미디어, 유명인 또는 인플루언서와 협업하는 경우들도 있다.

한국은, 유명 여부가 매우 중요하다. 유명할수록 좋다. 특히 연예인이나 인플루언서 중 유명한 사람과 협업을 하는 씬이 있다면, 혹시 상황이 급변하여 문제가 생겨도 노이즈마케팅도 포함하여 큰 임팩트를 노릴 수 있다. 물론, 요즘은 한국에서도 많이 자정작용처럼 되어서, 지나치게 이슈가 잦은 연예인이나 도의적으로 문제가 있는 인물, 기업, 상황, 서비스나 상품 등은, 소비자들 및 기업들이 선호하지 않거나 계약을 짧게 하거나 장기 계약을 방지하는 쪽으로 개선되고 정화된 편이다.

일본에서는, 유명 여부도 중요하지만, 안정적인 브랜드 이미지인지를 좀 더 따져보는 편이다.

어느 쪽도 장단점이 있기 때문에, 오히려 일본에서는 반대로 엄청 큰 임팩트를 가진 유명인이라면, 다소의 리스크나 위험성을 조금 고려하더라도 충분히 긍정적으로 고려해 주는 방향으로 바뀌긴 하였다.

다만 일본 기업에서는, 업무 진행에서 가장 중요한 것을 리스크 매니지먼트라고 생각하는 쪽이기 때문에, 한국 기업과 일본 기업이 협업한다면, 그리고 그 과정에서 한국이나 일본의 유명인, 인플루언서, 공인 등과의 협업이나 홍보, 마케팅 등을 고려하게 되는 경우에는, 안정성과 책임감, 변화가 적고 안전한 상황을 보장해 줄 수 있는 플랜이나 구도를 설계하여 제안할수록, 더 상호 신뢰 가능한 관계를 구축할 수 있을 것이다.

(3) 비용 vs 신뢰

그리고 이러한 유명인 협업도 물론이고, 프로젝트 전반에서, 한국에서 매우 중요시하는 요소 중 하나가 비용이다.

수익배분, 비용 등은 일본에서도 중요하고, 어느 나라나 중요할 것이다. 다만 기업 선정이나 제안 여부, 협업 결정 등에서 주요하게 영향을 미치는 것이 비용이다.

지출이 필요하다면,
"그래서 얼마 드는데?"
이익이나 수익을 기대한다면,
"그래서 얼마 벌 수 있는데?"
이와 같은 질문을 중심으로 대화가 이뤄지는 경우를 목격하는 경우가 잦을 것이다. 매출과 매입은 사업적으로 중요한 요소이기 때문이다.

실제로, 한국 내 그간의 마케팅, 홍보, 광고 영역의 여러 히스토리와 특성상, 마케팅 및 홍보, 광고, 그리고 브랜딩까지도 예산이 크게 확보되는 경우는 무척 희소하다. 그래서 더욱 예산, 비용 등의 숫자를 줄이는 것에 집중하여 홍보 논의가 이뤄지는 경우가 많다.

일본에서도, 비용이나 지출, 수익은 중요하지만, 그럼에도 중요시하는 것이 신뢰이다.

신뢰도가 확실하고, 브랜드 신뢰 정도가 강하고, 관계 구축 및 관계 형성이 잘되어 있다면, 비용 및 수익배분 비율은 예전보다 다소 양보할 수 있는 것이, 의외의 특징이기도 하고, 일본 기업들이 예전보다 오픈마인드로 변화했다고 개인적으로 생각하는 부분이다.

그리고 그 신뢰 여부 자체를 제안서 내용이나 프로젝트 내용만으로 판단하기 어려울 때에는, 다른 챕터에서도 언급한 것처럼, 제안서나 연락을 받을 때에, 이 담당자가 본인들 일본 기업이나 업계, 문화, 상황에 대하여 얼마나 정성 들여 조사하고 고민했는지, 그에 따른 커스텀 된 전략이나 제안을 들고 온 것인지 또한, 홍보나 관련 안건의 추진에서 양사간의 신뢰를 좌우한다.

즉, 많은 특징들이 서로 연결되어 있는 것이다.

비용적으로, 리소스나 각종 운영 비용이 계속 소요되니, 한국에서는 더욱 더 효율을 생각하며 빠르게 추진하고, 임기응변으로 수정해가는 편이 바람직할 것이다.

일본은 신뢰를 베이스로 해야 한다는 굳은 신념 때문에, 비용이나 상황에서 손해를 보는 것이 있더라도 리스크 관리를 최우선으로 하고, 대신 그런 과정에서 생각보다 지나치게 손해가 예상되거나 상상 이상의 위험성이나 우려를 고려해야 하는 경우를 대비하여, 최종적인 관문을 통과할 때까지 아직 모든 것이 변동될 수 있는 여지를 최대한 남겨 두는 것이다.

5. 실전

법인 설립 자체에 대해서는, 여러 전문가의 조언 및 컨설팅, 또는 직접 절차에 대한 내용을 알아보는 것이 더 맞고, 각 내용에 대해 다루고 있는 블로그나 서적도 꽤 있을 뿐만 아니라, 내용 자체가 계속 업데이트 되는 점에서, 전부 담기에는 조심스러운 부분이 있다.

다만, 몇 가지 필수적인 관점에서 검토를 해 보면 좋을 듯하여, 주요 키워드 위주로 해당 내용을 열거한다.

5-1. 설립

(1) 개념

투자 및 업무 상황에 의해서 바로 일본에 진출해야 하는 상황도 있고, 앞으로를 염두에 두고 준비하는 경우도 있을 듯하다.

만약 시기적으로, 즉각 일본 시장에 진출하여야 한다면, 다음과 같은 선택지가 일반적이다.

- 법인 설립
- 지사 설립
- 지점 설립

단, 각 개념의 일본 내 취급 및 한국 내에서의 관리 개념이 다를 수 있어서, 주의해야 한다. 각 나라에 따라 단어가 갖는 범위와

조건, 세무적 요건이 다르기 때문이다.

특히, 법인은 어느 나라나 그렇지만 고유의 성격을 갖는 것이고, 그 나라별로 세무적으로 관리, 주의해야 할 것이 있다. 또한, 어느 나라에서든 법인 설립 자체의 허들이 있다 보니, 좀처럼 빠르게 도전하기 어려운 것이 사실이다.

법인에 비해서는, 지점 및 지사 등이 조금 더 용이하지만, 이것도 각 장단점이 있다. (우리나라에서는 지점, 지사, 사무소 및 브랜치(Branch)가 거의 동일한 의미로 쓰이기도 한다.)

법인 이외의 옵션들을 함께 살펴보자.

A. 지사
일본의 지사는, 자회사라고 보면 된다.

설립 등기가 필요하다. 정관의 작성도 필요하며, 일본 국내 의사결정이 가능하고, 일본 내 금융 기관 융자 등을 받을 수 있다. 단, 세무적으로는 일본 내에서 별도로 처리해야 하므로, 비용 절감이 어렵고 다소 세무적 비용이 많이 발생할 수 있으며, 일본 지점에서 발생한 이익을 본국에 보내는 것은 "배당"이라는 처리가 되기 때문에 20% 정도 원천징수가 발생하는 것이 원칙이다.

외국과의 조세조약이 있을 경우, 과세 경감이 되는 경우도 있다. 사회 보험, 산재 보험, 고용 보험 등 일본에서 의무화 되어 있는 각 보험에 들 필요가 있다.

B. 지점

일본 지점은, 회사법 등에 준거하여, 설립 등기는 불필요하므로, 정관을 작성하지 않아도 되어, 비교적 저렴한 비용으로 등기를 할 수 있다. 이사 변경 등기 등도 불필요하여, 지사보다는 부담이 가벼운 편이다.

일본 내 거주자 또는 일본인 등을 대표자로 정하고, 외국회사의 등기를 진행하면, 일본에서 사업을 추진하는 것이 가능하다.

지점의 이익은 본국 소득에 합산되므로, 비용이나 세무적으로 절세 효과를 가져갈 수 있고, 이익을 본국에 송금하여도 원칙상

비과세 처리가 되므로 비용적 장점이 크다.

단, 외국 회사라는 점에서, 일본 국내에서의 기업적 신뢰가 약하다는 면에서, 일본 국내 금융기관의 융자 등은 받기 어렵다. 또한, 모회사의 자본금액에 의해 지방세가 높아질 수 있고, 특히, 모회사 자본금이 1억 엔(한화 약 10억 원)을 초과할 시, 외형표준과세라는 별도의 과세가 발생하여, 세금이 오히려 높아질 수 있다. 의무화되어 있는 각 보험에도 가입할 필요가 있다.

C. 기타: 주재원 사무소

주재원 사무소 경우, 등기 및 납세 신고 절차가 불필요하여, 각종 효율, 속도에서는 장점이 크지만, 직접적인 거래나 영업 활동이 불가능한 점, 기업 명의의 계좌 개설은 불가능한 점, 세무적인 부분에서 비용이 발생할 수 있는 점에서 잘 검토하여야 한다. 또한, 종업원이 5명 이상이라면, 각종 보험 가입도 필수적이다.

D. 참고

각 경우들에서, 일본 내에서의 각종 절차를 쉽고 빠르게 하려면, 일본인 직원을 두는 것이 편할 수 있고, 특히 지점의 경우에는, 일본에 주소를 둔 사람을 대표자로 두어야 한다. 국적이 아니라 주소(비자 포함)가 조건일 수 있으니, 사업적 상황에 따른 판단이 필요하다.

그리고, 여러 명의 대표가 있다면, 그중 1명 이상이 일본에 주소를 갖고 있으면 된다.

더불어, 외국 기업이 당장 일본에 지사 및 대표자를 두기에는, 인재의 검증 리스크 및 리소스에 대한 비용, 효과, 가성비 등의 여러 요소가 시간이 걸리고 위험성이 있다. 그래서, 결과적으로는, 1명의 인원이 여러 기업의 지사장 또는 지점장을 병행 및 겸임하는 경우도 있다. 일본으로 진출하는 한국 기업 등 외국 기업 입장에서도, 검증된 사람을 내세우는 편이 업무적으로 안심이 되고, 직원 수, 구조, 시기에 따라서는 꼭 풀타임으로 근무해야 하지 않으며, 영업적 네트워크 망을 필요로 하는 경우 및 사업/사업장 운영 노하우를 필요로 하는 부분도 많기 때문이다.

또한, 기업 진출 초기에는 풀타임으로 모든 업무, 잡무 수행이 필요하기보다, 필요한 업무를 분담하여 순차적으로 진행하는 것이 필요하거나, 주소지를 가진 대표자를 설정하느냐 여부가 당장 포인트일 수 있기 때문에, 그러한 경우들이 있다고 하니, 사업적, 법무적으로 충분한 검토를 거쳐 필요한 액션을 취하면 좋다.

여담이지만, 본사가 투자를 받은 경우, 자회사나 지사를 일본에 둘 때의 지분 관계를 고려하여, 투자자들 측의 의견이 나뉠 수 있다. 이를테면, 투자자는 본사에는 투자하지만, 일본 지사에는 투자하지 않는 등의 방침을 가진 곳도 있다. 일본 시장 진출의 목적과 방향성에 따라, 지사를 일본에 두는 것이 맞는지, 원격 또는 사업 총괄이나 담당자를 우선 배치하는 것이 옳을지 등도, 고심하여 검토하면 좋다.

또한, 기업 차원에서 여유가 된다면, 국가 및 전략에 따라 기업을 분할 또는 합병하여 운영하기도 하고, 관계적으로 다양한 구도를 설계할 수 있으니, 이것은 구체적인 사업 진출 방향에 맞추어 고민할 필요가 있고, 전문가들의 조언을 듣고 취합 및 판단하는 과정도 필요해 보인다.

(2) 허들

사실, 우리나라도 우리나라 국민에게는 관대한 편이다.

일본도 그렇다. 일본이라는 국가 자체는 일본 국민에게 가장 관대하며, 그 다음으로, 일본에서 외국인 등록을 절차대로 거치고 거주하는 외국인 순서로 친절하다.

일본 국내에 있는 일본 국적을 가진 일본 국민이 법인을 내는 것은 쉽게 가능하며, 1엔만 있으면 등록 절차가 가능하도록 되어 있다. 또한 사무실 및 주소지 등록에 대해서도, 일본 국민이라면 0엔부터 가능 등의 광고 문구도 많고, 우리나라의 비상주 사무실 경우처럼, 몇천 엔(한화 몇만 원) 정도로 쉽게 고를 수 있도록 되어 있으며, 인터넷을 통한 사업자 등록 절차도 무척 편리하게 되어 있다.

최근에는, 기존의 오프라인 중심에서 다양한 옵션을 지닌 온라인 서비스도 증가함에 따라, 법인 관련 온라인 및 오프라인 서비스들을 병행하여 활용하는 방향으로 크게 진화하였다.

한편, 외국인이 일본에서 법인을 내려면 몇 가지 허들이 있다.

먼저, 자본금 500만 엔(한화 약 5,000만 원) 증빙이 필요하다.

또한, 이 자본금의 증명은, 기본적으로는 일본 내 통장을 통해 입증할 필요가 있다. 일본에서 자격 증명이나 비자 신청이 아직 진행 또는 완료되지 않은 것이 기본 전제일 것이고, 그렇다면 일본 국내 은행의 통장이나 계좌를 소유하고 있지 않은 경우가 일반적일 것이라는 것을 명심하자. 즉 국적을 떠나 일본 내 믿을 만한 협조자가 필요할 가능성이 있다.

법인 신청을 위한 사무실 등록도 필요하다.

우리나라도 6개월 이상의 임대차 거래 계약서가 있어야 법인 사업자등록 및 실사 확인 등에서 문제가 없는데, 일본에서도, 외국인이 법인을 내려면 사무실 주소지가 필요하다.

일본 내 부동산 거래 특징상, 약 1년의 계약이 필요로 될 가능성이 크며, 도쿄 중심지에서 가까운 시내 소규모 사무실 또는 사무실 가능 물건을 계약할 시, 최소 월 10만 엔(한화 약 100만 원)

정도의 돈이 들 수 있으니, 1년으로 생각하면 계약 외 추가로 드는 비용, 중개 수수료 등 고려 시 약 1,500만 원 정도의 지출을 감수해야 한다.

참고로 사무실은 거주 용도와 병행해서 쓰면 안 된다. 사무실에 거주의 흔적이나 거주용 가구가 보이면, 실사 시 문제가 될 수 있고, 새로운 사무실을 다시 계약해야 법인 등록 및 비자 관련 절차가 제대로 진행될 가능성이 크다.

법인의 설립도, 모든 자료가 구비된 뒤 신청 후 최소 2~3개월이 걸릴 수 있으며, 제출 내용에 부족한 점이 있을 경우에는 여러 번 오가는 과정을 고려하면 자칫 약 6개월~1년에 이를 수도 있기 때문에, 전체적인 준비 상황과 비용, 그 기간만큼 버틸 체력 또한 필요하다.

⚒ Tips

이러한 기간을 단축시켜 주는 요소에는, 일본에서 법인 신청 등을 진행하여 주는 업종인 "행정서사"(한국의 "행정사")가 있으며, 행정서사에게 부탁하여 비자를 진행하면, 한국 법인이나 한국인(일본 입장에서 외국인)이 직접 알아보는 것보다 여러 절차 및 필요한 부분들을 의뢰할 수 있으나, 전반적인 속도와 진행, 결과 등은 해당 담당자의 개인 역량에도 달려 있다.

그러나 1명이나 1개 기업이 여러 번 행정서사를 통하여 절차를 등록 하지는 않기도 하거니와, 외국에서 일본으로 유입되는 인원들이, 일 본어 혹은 누구나 알기 쉬운 정보로써 리뷰를 작성하기도 드물고, 개 인으로 활동하는 행정서사들도 많아, 직접 비교할 수 있는 비교군, 모수도 적다 보니, 어떤 행정서사가 얼마나 잘 능력을 발휘하여 진행 해 줄지는 알기 어렵다. 인터넷을 검색해도 주로 광고성 블로그와 함 께 뒤섞여 정보가 노출되기 때문에, 역량 판단은 쉽지 않다.

그런 점에서는, 그나마 대형 기업 또는 소개를 통하여 진행하는 것이 나을 수 있고, 또는 본인의 일본어 실력이 가능하거나 주변에 도움을 줄 만한 지인이 있다면, 여러 행정서사와 대화해 보고, 보다 나은 사 람/사무소 등을 선별하여 진행하는 편이, 절차와 비용 면에서 훨씬 효율적일 수 있다.

5-2. 기반

(1) 주소

우리나라도, 사업장 주소는 중요하다.

우리나라에서도, 지역 및 주소 등, 사업장의 소재지에 따라 세무 혜택이나 적용이 다를 수 있는 점, 또는 소재지에 따라 특정 제도나 정부 사업, 지원, 혹은 각 기관이나 공공시설에서 진행하는 사업 및 프로젝트의 참여 여부가 갈리는 부분이 크게 있다.

그리고 기업의 업계나 사업 영역에 따라서는, 기업의 브랜드 이미지를 우선하고자, 특정 주소지에 사업장을 등록하는 경우도 많다.

음악 계통이 홍대, 마포에 집중하던 시기가 있었고, 카페는 용산이나 가로수길, 패션도 청담 및 압구정, IT 업계라면 테헤란로 및 판교 지역 등으로 그 업계의 색깔이 보이기도 한다. 해당 지역 주변에서 미팅이 많기 때문에, 결과적으로 또는 필연적으로 사업장 주소를 해당 지역으로 설정하는 경우도 많다.

우리나라에서도, 그러한 특징들로 인하여, 판교 하면 IT를 떠올리는 것처럼, 특정 지역을 주소지라고 설명하면 갖는 자연스러운 인식, 이미지가 있는데, 일본도 그렇다.

사무실이 많은 지역, 또는 스타트업 사무실이 밀집해 있거나, 공유오피스가 있는 지역이 있기도 하고, 또는 주소만 들어도 "월세 및 운영비가 비싸겠구나" 싶은 동네가 있다. 월세가 고가의 가격으로 형성된 지역에 주소지를 둔 사업자라면, 일본에서도 해당 회사가 조금 더 금융적, 운영적 안정성이 있겠구나 하는 인상을 받는다.

거주지로만 알려져 있는 지역이 사무실이라면, 혹은 주소의 세부적인 정보가 사무실보다는 주택지에 가깝다면, 이 주소가 진짜 주소지일지, 사무실일지 또는 복합공간이나 공유공간, 대여공간일지 모호하고 자금 흐름 및 장기 운영 가능 여부에 대한 신뢰도가 낮아질 수 있어서, 상대방 담당자가 계약이나 대화, 논의를 주저할 수 있다.

일본에 거주지가 있는 일본인 또는 한국인이 함께 대표자로 있다면, 해당 일본 내 거주 자격을 가진 사람으로서 주소지 등을 계약 가능한지 확인해 보면 좋다.

단, 외국인이 "경영관리 비자"가 아닌 "취로 비자(취업 비자)" 등으로 자격을 갖고 있을 시, 소속되지 않은 기업의 영업 활동은 제한적(거의 불가능에 가까움)이므로, 자격적으로 해당 등록이 가능한지 아닌지, 혹은 어떠한 방식의 영업이나 운영이 현 단계에서 적절한지 등도 포괄하여, 전반적인 리스크 및 필요사항을 확인해 보는 것이 안전하다.

공유 오피스가 유행하던 초기에는, 공유 오피스는 사업장의 대표 주소지로 등록하는 것이 대부분 불가능하고, 조건이 까다로웠다.

현재는, 코로나 기간 중 특히 급증한 공유 오피스 및 코로나 종료 후에도 일본에서는 일부 기업들에 일상화된 재택 업무, 원격 업무 등의 상황 등이 고려되어, 대형 공유 오피스를 포함한, 일본 내 특정 공유 오피스들은 사업장으로써 주소지 등록이 가능하게 되었다.

다만, 위워크를 포함한 일본 국내 공유 오피스 체인점 등, 법인 사업장 주소지로 등록이 가능한 만큼 일정 부분의 월세 비용이 고가이고 (특히 밀집 지역일수록 고가의 월세 등), 해당 비용은 매월 고정적인 운영비로써 소요되기 때문에, 월 고정비 등을 시뮬레이션 하여 검토하면 좋다.

(2) 제도

일본 전국 및 도시별 제도 중에는, 스타트업 지원 제도 등도 증가한 것이 특징이다.

특히, 스타트업 비자라는 것도 최근 몇 년 내에 급격히 도시별로 증가하였는데, 대표적으로 후쿠오카시, 도쿄 내 시부야구 등 (2021년 기준 13지역의 현, 시 또는 구) 진행 중이다.

경영관리 비자를 받기까지 시간이 걸리지만, 일본 진출이 필요한 해외 스타트업이 지원할 수 있도록 되어 있고, 필자도 각 도시별 스타트업 비자 문의 창구에 연락하여 문서 등을 제출해 본 바 있다.

장점은, 경영관리 비자의 대체제로써 유예 기간을 주고, 일본에서 영업 활동을 할 수 있도록 인정 및 허가해 주는 것과, "스타트업 비자"라는 워딩을 중심으로 다양한 스타트업들과 교류할 수 있는 점이다.

단점은 아니지만, 심사숙고 하여야 할 사항으로는, 아무래도 정부나 시, 현 등을 중심으로 하는 제도이다 보니, 기업에서 생각하는 타임라인 및 사업 계획 등 대비, 제출 서류에 대한 의견이나 기준이 상이할 수 있다는 점과, 매월 현황 보고를 해야 하는 점 등이 있고, 결과적으로 일본 내에서 투자를 받거나 크게 매출 증대를 하는 것을 목표지점으로 보는 시선도 많기 때문에, 그에 맞춘 고민이 필요한 것이다. 우리나라에서 일반 사업을 하는 것과 정부 지원으로 하는 사업에 요구되는 제출 항목이나 조건이 서로 다른 것과도 비슷한 원리이다.

또한, 특정 업계에 한정하여 지원 가능한 경우도 있으니, 각 주최 단위 및 기준, 목표 및 마일스톤과 이후의 타임라인 등을 세부적으로 설정 및 문의하여 꼼꼼히 살펴보는 것이 좋다.

이 내용과는 별개로, 최근에 도입이 진행되고 있는 비교적 새로운 제도들 중, 인보이스 제도라는 것이 있다.

인보이스, 즉 말 그대로 청구 관련하여 기업 정보가 명확히 등록되었는지 관련한 것인데, 일정 기준의 충족과 일정 비용의 지불이 필요하다.

새로 생긴 제도이기는 하지만, 기업들 중에는, 거래를 진행함에 있어서 상대 기업이 인보이스 제도에 등록되어 해당 번호를 소지하고 있는지 확인하거나 그 번호 소지 유무를 통하여 신뢰 여부를 판가름하는 경우도 있으므로, 필요 여부에 맞추어 함께 검토해 보면 좋다.

(3) 전문

그 외에도, 결국 여러 방면으로 일본 내에서 신뢰할 만한 내용과 준비가 갖춰져야 좋다는 점에서는, 아래 인력에 대해서는 전문가에게 의뢰 사항을 요청하는 것이 낫다.

- 행정사 : 일본에서는 행정서사(行政書士 : ぎょうせいしょし)라고 표현한다.
- 세무사 : 일본에서는 세리사(税理士 : ぜいりし)라고 표현한다.
- 노무사 : 일본에서는 사로사(社労士 : しゃろうし)라고 표현한다.

특히, 절차나 행정 처리 관련해서는, 우리나라도 그렇지만 법이나 제도가 변경되는 점도 있고, 관련 자격이나 인증을 받은 사람 또는 기업이 더 정보의 입수 및 제출 루트가 빠른 경우도 있기 때문에, 인터넷 및 지인의 조언만 의존하기보다는, 전문가에 맡길 부분은 빠르게 맡기는 것이 시간적으로도, 비용적으로도 효율적일 수 있다.

> **⚙ Tips**
>
> 전문가는 중요하지만, 비용은 명확히 비교해 보면 좋다.
>
> 능력은 개인 편차가 심할 수 있으나 검증이 어려운 데 반해서, 시장 고정적인 노동 가격은 어느 정도 형성되어 있기 때문이다.

또한, 실제로 절차상 꼭 필요한 필수 소요 비용의 금액과, 해당 전문 인력에 지불하여야 하는 노동 비용, 기타 추가적/소모적인 비용 등은 명확히 구분하여 알아보는 것이 좋다.

5-3. 요령

꿀팁이라기엔 모호하지만, 추가로 적어두자면, 앞의 내용 외에도 여러가지 현실 상황이 기업마다 다를 것이다 보니, 문제 해결의 방법이나 전략, 취해야 하는 방안이 국가마다 다를 수 있다.

> ⌐ **Small talk**
>
> 한국에서 일종의 성공을 맛본 기업의 경우, 일본에 진출하고자 생각하는 경우는 잦다.
> 다만 이때에 고민해야 할 포인트 중 하나는, 일본 사람이 왜 굳이 한국발 서비스를 써야 하는지에 대한 부분이다.
>
> 보통 한국에서 성공했으니 일본에서도 성공할 것, 또는 한국이나 특정 나라 유저들이 호의적이니 일본에서도 분명히 그러할 것이라고 생각하는 기업들도 있다.

하지만 상상해 보시라.

한국에 일본, 중국, 미국 등 타국의 서비스가 들어온다면, 우리는 반드시 그 서비스를 쓸까?

미국의 대형 서비스라면 좀 고민해 보겠지만, 모두가 이미 쓰고 있는 서비스이고, 그 서비스에서만 구할 수 있는 상품이나 컨텐츠가 아니라면, 대부분의 경우에는, 비슷하게 한국에서 만들어서 한국 정서에 맞추면 어떨지 고민하기 마련이다. 팔은 안으로 굽기 때문에, 같은 값이면 우리나라의 제품을 더 써주고자 하는 심리적 요인도 많이 발생한다.

한편으로, 우리나라 기업임에도 해외에서 활동하거나 해외에 매각된 경우, 평가가 엄격해지기도 한다.

기술의 차이에서든, 컨텐츠 및 IP 원인으로든, 또는 서비스 및 사업모델이 무척 특수해서든, 여러 요소는 있겠지만, 해외 국민이 자국(일본)에서 개발 가능한 영역이나 서비스 가능한 부분이 있음에도 타국(한국) 서비스를 쓰고자 하는 포인트가 무엇일지를 꼭 고민해 보는 것이 좋다.

법인, 지점, 지사 등을 내기 전에, 시장에서 정말 해당 서비스가 워킹할 수 있는지, 운영 또는 매출 창출이 가능한지 MVP(Minimum Viable Product) 혹은 시장 검증(POC: Proof of Concept), 시장 적합성 분석(PMF: Product Market Fit)을 해 봐야 하는 경우도 있을 것이다.

그 경우, 매번 모든 상황에 대해서 법인 등을 새롭게 내는 것부터 고민하기보다는, 다른 방법도 함께 검토하는 것을 권장한다.

우선 적정선에서 일본 기업들과 협업하여, 시장 진출 및 시장 검증을 논의해 보는 상황도 있을 것이다.

또는, 일본에 있는 타 한국 기업 또는 일본 기업을 통하여, 일정 량 혹은 일정 기간 동안의 판매 혹은 대행을 맡겨 보는 것도 방법일 수 있다. 물론 계약이나 수수료, 적절성, 해당 일본 기업의 레퓨테이션, 영향력 및 역량 등에 대해서도 충분한 조사와 검토는 필요하다.

그리고, 아직 직원 수가 많지 않고, 규모가 작으며 대표자의 의사결정권이나 행동 범위가 자유롭다면, 직접 일본 기업 또는 관련 업계에 취직하여 잠시간 일본 시장을 경험해 보거나 살펴보는 것도 방법일 수 있다.

시장 조사 결과가 정답일 수도 있고, 반대로, 시장 조사 결과가 탁상공론일 수도 있다. 현재 조사한 내용과 도출한 전략을 내년에 실행할 때에는, 내년의 트렌드가 바뀌어 있을 수도 있다.

일본어가 가능해야만 손 닿기 쉬운 영역, 입수할 수 있는 정보도 있을 것이고, 비자가 있어야만 접근 가능한 웹사이트나 가입 가능한 서비스, 경쟁사 서비스도 있을 수 있다. 혹은, 일본어가 아니더라도 다른 장점이나 능력을 살려 시장 현황 및 동향을 파악할 수 있는 부분들도 당연히 존재할 것이다.

일부 소개한 일본 내 제도 외에도, 한국 내 여러 기관의 제도, 지원 사업, 해외 진출 지원 등도 각각의 장단점이 분명 있을 것으로 생각한다.

어느 쪽이든, 각 기업과 업계, 사람, 팀과 조직, 시장과 타깃 고객, 해결하고자 하는 문제가 모두 다를 수 있고, 시장 팀이 다를 수 있기 때문에, 하나의 전략, 하나의 방법만 가지고 고민하기보다는, 다방면으로 살펴보는 것을 추천한다.

한국의 기업들이 일본에서 많이 성공하길, 그리고 한국과 일본의 우수한 기업들이 여러 모로 함께 협업하여 새로운 사업 모델과 비즈니스 모델을 창출하여 시장을 선도해 나가길 진심으로 기원한다.

일본 시장 진출을 위한 비즈니스 컬처 가이드북

재팬비즈 제로투원

ⓒ 김이경, 2024

초판 1쇄 발행 2024년 8월 15일

지은이   김이경
펴낸이   이기봉
편집   좋은땅 편집팀
펴낸곳   도서출판 좋은땅
주소   서울특별시 마포구 양화로12길 26 지월드빌딩 (서교동 395-7)
전화   02)374-8616~7
팩스   02)374-8614
이메일   gworldbook@naver.com
홈페이지   www.g-world.co.kr

ISBN   979-11-388-3255-7 (03320)